ご当地電力はじめました！

高橋真樹 著

岩波ジュニア新書 795

はじめに

あなたは、自分が使う電気はどこから送られてきているかを、知っているでしょうか？電気は、コンセントにつなぐだけでいろいろな電化製品を動かすことのできる便利なエネルギーです。でも、誰かを犠牲にしてその便利さを手に入れているとしたら、仕組みを考え直す必要があるかもしれません。

多くの人に、コンセントの先に何がつながっているかを突きつけた出来事が、二〇一一年三月一一日におきた東日本大震災と福島第一原発事故でした。これによって、東京など首都圏に住む人たちは、自分たちが使っていた電気の多くが、東北地方の福島県から送られてきていたことを知ることになるのです。

事故で放出された放射能の影響により、福島の沿岸部では一五万人以上がふるさとを離れ、避難生活を送ることになりました。また、政府が指定した避難地域でなくても、放射能の影響を心配して家族がバラバラになる事態もおきました。そんな被害をもたらした原発に頼りたくないと、日本各地で脱原発を求めるデモがおこり、それまでエネルギーのことに無関心だった一般の人たちも大勢参加しました。

しかし、事故から数年がたち、デモに参加する人たちは日に日に数を減らしていきました。そして日本政府は原発をまた活用しようと、積極的に動きだしています。事故直後に盛り上がった人々の原発やエネルギーへの関心は失われてしまったのでしょうか?

ぼくは、全国を回って「自然エネルギー」について取材をしているジャーナリストです。いままで、原発事故をきっかけにエネルギーに関わるようになった大勢の人たちから話を聞いてきました。その経験から言えば、人々の関心はけっして失われていません。むしろ、具体的な形になってきています。

なぜなら、原発事故を受けて「自分の人生をかけてエネルギー問題に取り組みたい」と考えた人たちが、次々とチャレンジをはじめているからです。新たにエネルギーを仕事に選んだ人たちのほとんどは、あの3・11の前まで、エネルギーなんて「どこかで誰かがつくる」自分とは関係のないこと、と考えていました。気にしていたのは、車にガソリンを入れたり、電気料金の請求書をチェックするときに、価格が高いか安いかということくらいだったのです。この本に登場するエネルギープロジェクトのリーダーたちは、農家や新聞配達員、寿司チェーンのパートさん、居酒屋の店長、かまぼこ屋さんなど、とくにエネルギーと関わりが

藤野電力の手作りソーラー発電所(提供：藤野電力)

深いとはいえない職業についていました。

でも本当は、エネルギーと関係のない職業なんて一つもありません。パソコンや携帯電話、照明は、どの仕事の人も使っているし、お店をやっていたら大きな冷蔵庫や車の燃料も欠かせません。誰もが、電気やガスやガソリンを使って仕事をしているのです。だからこそ、電力会社やガス会社の社員じゃなくても、ちゃんとエネルギーのことを考えるのは大事なことだし、誰もがもっとエネルギーを賢く使うためにできることはあるのです。じっさい、彼らのその後の行動は、エネルギーの素人《しろうと》であっても、りっぱにエネルギーを仕事にすることができると証明しています。

エネルギーについて何かやってみたいと思っ

たときに、強力な味方になってくれるのが、それぞれの地域にある「自然エネルギー」です。「自然エネルギー」はまたの名を「再生可能エネルギー」とも呼び、自然の中からとりだし、くりかえし使えるエネルギーのことをさしています。太陽光発電や風力発電は最近あちこちに増えましたよね？　他にも、川の流れを利用する「水力」や、木材や家畜のふんなどを燃やす「バイオマス」、地中のマグマの熱を使う「地熱」など、たくさんの種類があります。

一方で、これまでぼくたちが使ってきたエネルギーのほとんどを生みだしてきたのは、土の中から掘りおこした石油や天然ガス、ウランといった化石燃料です。こうしたエネルギーは、使ったぶんだけなくなってしまうので、「枯渇性《こかつせい》エネルギー」と呼ばれています。この本でみなさんに伝えたいことを一言で言えば、「みんなが使うエネルギーを、化石燃料から自然エネルギーに変えていこう」ということになります。でも、単にエネルギー源を変えるだけではありません。もう一つ大事な点として、「国や大きな組織に頼りきりにするのではなく、自分たち一人一人でエネルギーに取り組もう」という話もしています。

「自分たちで発電所をつくろうと言われても、そんなことできるの？」と疑問に思う人もいるでしょう。これまでエネルギーは国や電力会社が独占してきたので、そう考えるのが当然です。たとえば、火力発電所や原子力発電所のような巨大な施設は、自分の町で運営しようと思っても、まずつくることはできません。

でも、太陽光発電や風力発電なら、さまざまなサイズがあって自分の町にあった形で実現することは十分にできるのです。それが、自然エネルギーのおもしろいところです。もちろん簡単ではありませんが、国や電力会社に依存するのではなく、エネルギーを自分たち自身で選び取る世の中をめざして、すでに行動している人たちがたくさん出てきています。そこには、高校生や大学生といった若い人たちも参加しているのです。

そろそろ、大多数の人たちの便利さのために、誰かが犠牲になるシステムから卒業するときがきたようです。みんながエネルギーをつくり、自分で選んだ電力会社と契約して、自然エネルギーを使いこなすことのできる社会はまもなくやってきます。そのカギをにぎる存在が、この本で紹介する「ご当地電力」です。いままでぼくたちの暮らしにはなかった、「みんながエネルギーをつくり、賢く使いこなす社会」とは、いったいどんなものでしょうか？

それでは、「ご当地電力」とエネルギーをめぐる旅に、出かけてみましょう。

目　次

紫波グリーンエネルギー
ウェンティ・ジャパン
日本の森
バイオマスネットワーク
山形県立村山産業高校
会津みしま
自然エネルギー研究会
おひさまコーポレーション
会津電力
アルプス発電
えこえね南相馬研究機構
白河エナジー
いわきおてんとSUN企業組合
上田市民エネルギー
おがわ町自然エネルギーファーム
多摩電力
練馬グリーンエネルギー
足元から地球温暖化を考える
市民ネットえどがわ
世田谷みんなのエネルギー
調布未来のエネルギー協議会
原発ゼロ市民共同かわさき発電所
藤野電力
ほうとくエネルギー
しずおか未来エネルギー
おひさま進歩エネルギー
中津川 THE SOLAR BUDOKAN
●本書で紹介した団体
●著者が取材した団体の一部
■ご当地電力ではないが、本書でとりあげた活動
この他にもたくさんあるよ！

全国のご当地電力（自治体は含みません）

第1章

エネルギーをとりもどす

100 年前の小水力発電所を掘り起こす小田原の人々（提供：ほうとくエネルギー）

工作体験で、エネルギーを身近にする

ぼくは、身近な材料だけでつくる自然エネルギー工作の本を執筆しています(＊)。その関係で、子ども向けの工作教室に呼んでもらう機会が増えました。そこでは、紙コップの風車や、スプーンの水力発電機、傘《かさ》を使ったソーラークッカー(太陽光を熱源として調理をする道具)など、ユニークな工作をつくっています。子どもたちは、苦労しながらつくった工作で光がついたりモーターが回ると、目を輝かせて「ワァ！」と歓声《かんせい》をあげます。ぼくはそんな、自分でエネルギーを手作りする喜びを発見する瞬間が大好きです。

本や工作教室の中では、大人が使える実用的な工作も紹介しています。携帯電話やパソコンの充電ができるミニ太陽光充電器というものです。これは、ソーラーパネルとバッテリー、充放電コントローラーなどをつなぎ、さまざまな家電を動かすことのできる装置です。これがあれば、停電したときもちょっと安心です。電気をつくることは難しいと思われていますが、パソコンの充電や照明をつける程度なら、子どもでも簡単につくることができるのです。実は、このようなことは大人も知りません。そのため、親子がいっしょにつくることで、ど

ちらにとっても新しい発見につながります。

夏休みの環境イベントなどでは、同様の工作教室が各地で開催されています。ところが、ほとんどのケースで使われるのは市販の工作キットです。たとえばインターネットで検索すれば、びっくりするほどたくさんのソーラーカーキットが出てきます。これを使えばプラモデルの組み立てと同じで、簡単につくることができます。ぜったいに失敗しないし、完成度が高いので、つくった後も楽しく遊べます。でも、その体験を通して、子どもたちの創造力が伸びるでしょうか？　ぼくはそうした教室では、結局「エネルギーは買ってくればいい」という発想しか生まないように思うのです。

親子工作教室でソーラーカーをつくる

ぼくが実施しているような工作教室では、主催者側はキットを買ってくるだけでは仕事が終わりません。材料を一つずつそろえるなど、けっこうな手間《てま》がかかります。また苦労してつくっても、全員が成功するとはかぎりません。最後まで車輪が回らず、泣いてしまった子もいました。でも、身近な素材で一からつくれば、どういう仕組みになっているかを理解することはできます。それをヒントに、なぜ走らなかったのか考え、何度でもチャレンジすればいいのです。そのような体験が、考える力を養うことになります。

エネルギーは、毎日使っている身近な存在のはずなのに、ちょっと難しくて、遠い存在だと感じている人がほとんどです。それは子どもよりも、これまでのエネルギーシステムに慣れきっている大人のほうが、より強いかもしれません。でもこうした工作体験を通じて、誰でもエネルギーをつくれることがわかれば、それが変わるかもしれません。エネルギーについて「どうせ自分たちには何もできない」「他に選択肢《せんたくし》はない」と思い込んでいる人でも、視点を変えてみれば、いろいろとできることがあると気づくのです。

専門家まかせにせず、自分自身で手作りすることをＤＩＹ(Do It Yourself＝自分でやってみる)と言います。じっさいに、３・11の震災をきっかけに動きだした人たちの中には、ぼくがやっている自然エネルギー工作のようなＤＩＹ感覚で、楽しく町を盛り上げている例もあります。まずは、工作気分ではじまったご当地電力から紹介しましょう。

＊『親子でつくる自然エネルギー工作・四巻シリーズ』(大月書店)

DIYで町づくりをする藤野電力

のどかな里山に、廃校を拠点にしたユニークなご当地電力があります。神奈川県旧藤野《ふじの》町（相模原《さがみはら》市緑区）の「藤野電力」です。「電力」とは名乗っていても、会社ではなく、地域住民によるサークルのようなゆるやかなグループです。藤野電力の人たちは、3・11の震災をきっかけに、これまでブラックボックスになっていたエネルギーの仕組みに向きあい、電気をできるだけ自給してみようと活動をはじめました。

まず手がけたのが、ミニ太陽光充電器づくりのワークショップです。興味はあるけれど電気のことはわからないという人を集め、誰でもできるキットのつくり方を教える教室を各地で開催したのです。ちょうど関東地方で計画停電がおこなわれた直後だったこともあり、ワークショップは何カ月先も予約でいっぱいになるほど人気になりました。キットは、五〇ワットのソーラーパネルで発電した電気を、バッテリーに蓄《たくわ》えるようになっています（＊）。照明はもちろん、パソコンや携帯電話などの充電をするには十分な容量です。

ワークショップで講師を担当した藤野電力の小田嶋電哲《おだじまでんてつ》さんは、もともと電気に詳しかったわけではありませんが、独学でこのキットを設計しました。

「停電になっても、明かりがあって、情報から切り離されなければ、少しは安心できると考えてつくりました。こんなに反応が大きかった理由は、手作りでも役に立つものができることを実感してもらえたからだと思います」

藤野電力は、目的もなくただ大きな電気をつくることをめざすのではなく、ターゲットを決めて、小さな電力をいかに有効に活かすかということを考えたのです。千葉県松戸市でオーガニックコーヒーの焙煎《ばいせん》を手がける小澤陽祐《おざわようすけ》さんは、この藤野電力の取り組みを聞いて、「自分も原発の電気を使わないコーヒーをつくりたい」と決心します。そして、松戸で藤野電力のメンバーを講師に招きワークショップを開催。さらに太陽光発電の電気だけでコーヒーを焙煎する手作りの設備を準備しています。小澤さんは言います。

「ぼくは3・11の震災まで、オーガニックとかフェアトレードとか、それなりに社会にいいことをしていると思いこんでいました。でも、計画停電がおきて、しばらく焙煎ができなくなったことで、自分たちの暮らしそのものがもろい足場の上に成り立っていたことに気づきました。ソーラー焙煎ができれば、問題だらけの電力会社の送電線から切り離して、気持ちよくコーヒーがつくれるじゃないですか」

ソーラー焙煎機は、五〇ワットのソーラーパネル八枚をつなげて、四〇〇ワットの容量に

コーヒー焙煎器と小澤陽祐さん（提供：猪鹿倉《いがくら》陽子）

してバッテリーに蓄電するタイプのもので、二〇一五年には完成する予定です。費用は、藤野電力と協力して自家発電を広める「わたしたち電力」というプロジェクトをすすめるＷＥＢメディア（インターネットで情報を発信するメディア）の「グリーンズ」が支援することになっています。

藤野電力は他にも、屋外でおこなわれるイベントの電源を自然エネルギーだけでまかなうなど、エネルギーを手作りして楽しめる環境をつくってきました。藤野電力が関わる一つ一つの取り組みは小さなものですが、小さいからこそ、人々がエネルギーを身近に考えるきっかけをつくってきたと言えるでしょう。

藤野電力の新しい取り組みの一つが、独立型

ふじのアート・ヴィレッジに設置された充電ステーションと小田嶋さん(左から3人目。提供:藤野電力)

の太陽光充電ステーションの設置です。これは人々が集まる地域の拠点《きょてん》に、太陽光発電システムと、誰でも使えるコンセントを設置していくというプロジェクトです。藤野は山間部なので、電動スクーターや電動自転車を使う人が多く、各地で充電できると便利なのです。また、非常時には避難所の電源として活用することも可能です。

藤野電力のメンバーで、この充電ステーションを設置した、設計士の池辺潤一さんは言います。

「3・11の震災のとき、山間部の藤野では、電気や燃料が送られなくなると何もできなくなりました。だからそんなときに役立つシステムをつくったのです。ふだんは電気が余るので、充電ステーションとして使うことにしました」

出力四〇〇ワットの一号機は、町から受けた三〇万円の助成金を使って「ふじのアート・ヴィレッジ」というアーティストが集まるギャラリーに設置しました。設備に使う木材は、森の保全活動をするグループと協力して、近くの山林から切ってきた間伐材《かんばつざい》を使っています。アート・ヴィレッジを訪れた人たちは、カフェで一服しているあいだに携帯電話に充電するなど、このステーションを有効活用しています。こうした充電器は、有機食材を宅配する「大地を守る会」などの支援を受けて、五号機まで設置されました(二〇一四年一一月現在)。

「充電ステーション」といえば、ぼくが取材した九州のある自治体が設置した電気自動車用ステーションのことを思い出します。その設備は、町が一億円の予算をかけて設置したのに、故障したまま放置されていました。そもそも、町に電気自動車は自治体が所有する一台しかありません。だから動かなくても誰も困りません。でも、まったく役に立たない設備を一億円の税金を使ってつくるのは無駄なことです。

一方、藤野では地域住民が中心となって、三〇万円で手作りした充電ステーションが日々活用されています。しかもここでは町の災害対策にもつながっているのです。ぼくはエネルギーのことを考える際には、金額や発電量だけで考えてはいけないと言っているのですが、藤野の人たちがそのことを証明してくれているようです。

藤野電力の活動からわかることは、自分たちが暮らす町をどうするかについて、自治体にまかせきりにするのではなく、地域の人たちが向きあい、行動することの大切さです。エネルギーの分野に限らずこのような姿勢で社会と関わることが、地域の自立にも結びついていくはずです。ご当地電力は、地域の人たちが自分の暮らしを足下から見つめなおし、行動する場となっているのです。

＊電力量の参考として、日本で一人あたり消費する電力はおよそ一時間あたり一キロワット(kW：一〇〇〇ワット)と言われている。五〇ワット(W)は、それよりだいぶ小さな量だが、バッテリーに蓄電《ちくでん》すればパソコンや照明などは問題なく使うことができる。二〇一四年一一月現在、藤野電力のワークショップ参加者は一〇〇〇人以上。また、自然エネルギーで電力をまかなったイベントは約三〇回におよんでいる。

ご当地電力は何をめざすのか？

全国で誕生したご当地電力に共通していることは、地域が主体となってエネルギーに取り組み、地域の自立をめざしているということです。その目的を実現するため、自然エネルギーの発電所をつくったり、自治体と協力したり、普及のためのイベントを開催したりと、さまざまな取り組みをすすめています。

もちろん、「地域で電力会社をつくる」といっても、東京電力のような大きな会社とくらべたら、その存在はとても小さなものです。そんな小さな活動が、国や電力会社に独占されていたエネルギーをとりもどすことに、どうつながるのでしょうか？

それを考えるヒントは、日本の電力システムにあります。現在の日本の電力をまかなっているのは、「東京電力」や「関西電力」など、地方別に分かれた全国一〇のエリアで運営する大手電力会社です(図1)。発電所で電気をつくるプロセスを「発電」と呼び、送電線を通ってそれぞれの地域まで電気を運ぶ過程を「送電」、そして最終的に企業や各家庭に電気を届けることを「配電《はいでん》」と呼びます。大手電力会社は、それぞれの地域で発電から配電までのすべてを独占して運営しています。それが第二次世界大戦の後からつづく「九電力体制」です(＊1)。その体制のもとで、一般の人は何も考えなくても電気を使えるシステムが実現しました。確かに便利なのですが、不都合な面もたくさんあります。

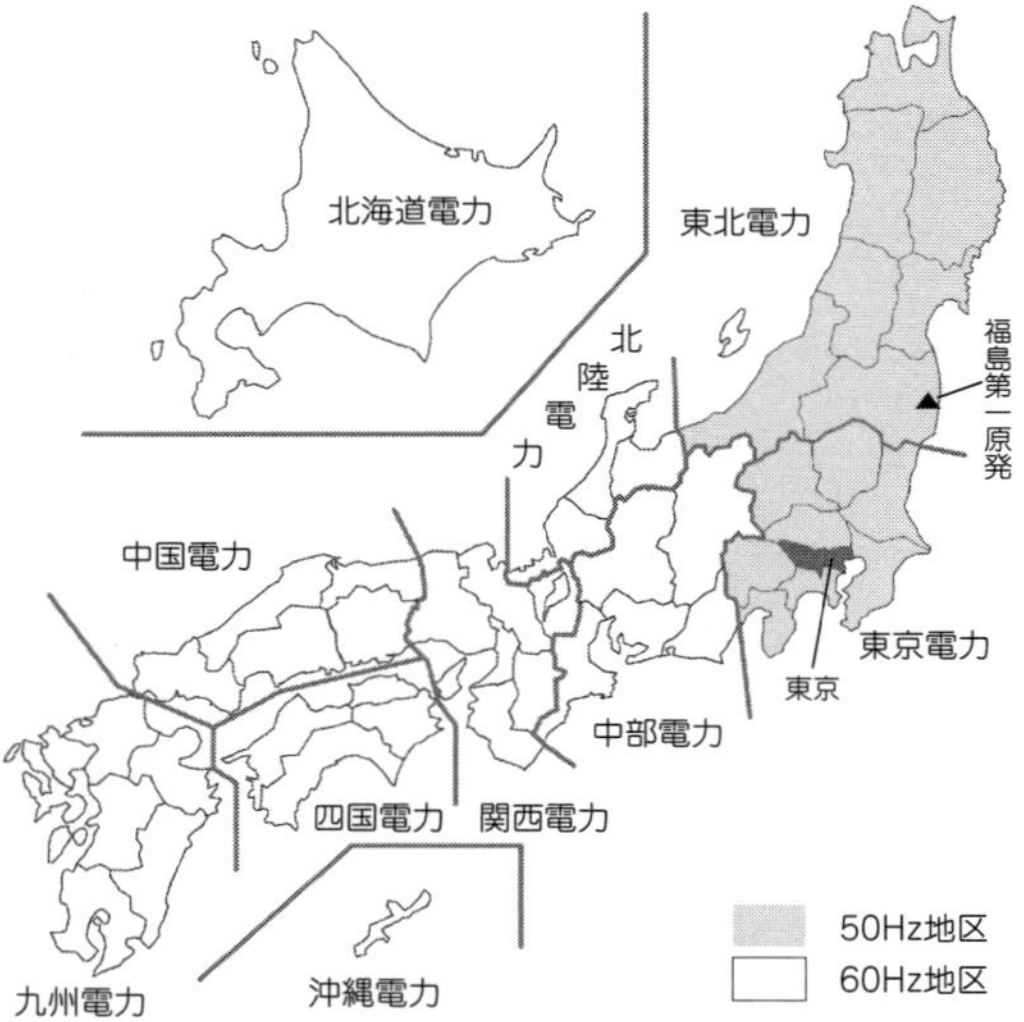

図1　地域独占をしている10電力会社のエリア分け

電気は、どうやって各家庭に届けられるのでしょうか。まず、海外から買ってきた化石燃料を、巨大な発電所で燃やし、そこで生まれた電気を長い送電線を伝って消費地に運びます。たとえば福島原発では、福島でつくった電気を二五〇キロ以上離れた東京に送っていました。

巨大な発電所は、資金的にも技術的にも、大きな電力会社しか運営できません。また、電力会社は送電網も所有して、一般の企業や家庭との契約を独占しています。そこに、新たな事業者や地域の要望が入るスキマはありません(＊2)。

発電事業で得られる利益は、発電所がある地元にはほとんど残らず、電力会社が持っていく仕組みになっています。また、電気を消費する側の企業や家庭は、たとえ原子力をやめてほしいと思ったとしても、他に選択肢がないので、その電力会社から買うしかありません。電気料金が値上がりしても、受け入れるしかないのです。私たちが、電力やエネルギーについて関心が薄く、身近ではないと感じていた背景には、自分たちにはどうすることもできない、そうしたシステムが長くつづいていたことに原因があります。

ご当地電力は、そのシステムに変化をおこそうとしています。地域のエネルギーを活かして、東京のような大消費地に奪われる一方だったエネルギーの主役を、少しずつ地域のものにシフトしていこうというのです。一つ一つの動きは小さくても、それが広がればこの体制をゆるがすことにつながります。

私たちの社会は、いつから暮らしに欠かせないエネルギーを、国などに全面的に依存するようになってしまったのでしょうか？　じつは、最初からそうだったわけではありません。自分たちでエネルギーのことを考え、取り組んでいた時代もあったのです。

＊1　沖縄電力を入れると一〇電力だが、沖縄は設立の時期や背景が異なるため、沖縄を除いて「九電力体制」と呼ばれている。
＊2　二〇〇〇年の電気事業法改正によって、企業などに限り一部で電力自由化がはじまり、新電力（PPS）と呼ばれる民間の会社が発電や配電事業に参入できるようになった。しかし新電力が扱う電力は少なく、その存在感はまだ大きくはない。

みんなでエネルギーをつくる時代があった

日本に電気が普及したのはいつごろからでしょうか？　実は、そんなに昔のことではありません。日本で初めての電力会社である「東京電燈《でんとう》」ができたのは、いまから一〇〇年ちょっと前の一八八七（明治二〇）年でした。その後、ものすごい早さで全国に小さな電気事業者が増えていきます。もっとも多かった一八九三年には、なんと八〇〇社をこえるほどに増えました。

当時は日本が急速に近代化、工業化をすすめている最中です。工場を動かすエネルギー源として、電力のニーズが高まっていました。社会の変化と歩調とあわせるように、発電の技術は進歩し、送電できるエリアもどんどん広がっていったのです。一方で、まだ国として電気をどのようなシステムでつくり、届けていくかという決まりごとはありませんでした。そのため規制も少なく、激しい自由競争のもとで電力事業者が乱立するようになったのです。

電力を遠くに届けるには、送電線を整備する必要があります。そこで、各電力会社は競いあって送電網を張りめぐらしました。人口の多い都市部ではお客の奪い合いがおき、電力の値下げ競争がおこなわれました。ところが、山間部では電気を送ってもらえない地域もありました。不便な地域には送電線を引くのにお金がかかり、利益が出なかったため、事業者がいやがったのです。

山間部の人たちは、そこでどんな行動をとったでしょうか？　彼らは自分たちでお金を出し合って組合をつくり、地域で自らが電気事業を運営するようになったのです。それが、協同組合の一種である電気利用組合でした。最盛期の一九三七年には、そうした組合が全国に二四四もありました。地域住民がお金を出し合うといっても、余裕のある家庭は少なく、共有でもっている山林を売って銀行から融資を受けるなど、苦労した地域もありました。

発電方法は何だったのでしょうか？　けわしい山間部には、たいてい落差のある川が流れています。住民たちはその水の流れを利用して、水力発電所をつくりました。当時は一般家庭の電気の使い道としては照明などに限られていたこともあり、規模が小さな発電所でも十分役に立ちました。また、協同組合というスタイルだけではなく、個人や地元企業が自分たちのお金で建設した水力発電所も数多くできました。

しかし、一九三〇年代後半には、電力の国家による管理がすすんでいきます。一九三七年には日中戦争が開戦となりました。そして翌一九三八年には、「国家総動員法」が成立します。これは、社会のすべてを戦争のために優先することを決めた法律です。すでに電力は、戦争をするためになくてはならないエネルギーとなっていました。その流れを受けて、政府は日本発送電という会社をつくり、それまでの電気事業をまとめて、発電から配電までを一手に引き受けるようになります。地域の電気利用組合の多くも、このとき国に統合されていきました(*)。

電気を最終的に企業や家庭に届けることを「配電」といいますが、日本発送電がつくられたとき、この配電を地域ごとにブロックで分けて供給する仕組みがつくられます。現在の「九電力体制」は、そのときのブロック分けをもとにできたものです。その体制が戦後もずっとつづいたため、人々が「電気は電力会社から送られてくるもの」で、「自分たちは電力のことは考えなくていい」という意識になってしまったのは当然のことかもしれません。

ただ、お金もノウハウもなかった一〇〇年以上前に、自分たちの知恵と地域の資源を活かして、エネルギー自給に挑んだ人々がいたことは事実です。当時はもちろん、太陽光発電や風力発電などの技術はありません。それでも、送電を拒む電力会社や、何もしてくれない政府に文句を言うのではなく、自分たちで事態を切り開こうとした彼らの行動から学べることはあるはずです。その自立する心意気は、お金もエネルギーも中央に頼りきっている現代よりも、ずっと高いのではないでしょうか。そしていま、化石燃料の高騰《こうとう》や原発事故をきっかけにして、過去の埋もれた歴史を掘りおこす作業が、ご当地電力の手によってはじまっています。

＊　一部は戦後もしばらくつづいた組合もある。また、戦後は農協などを中心に地域で運営する発電事業が細々とはじまり、その一部は現在もつづいている。

地域の力を掘りおこせ！

炎天下の森で、三〇人ほどの人たちが声をかけあいながら、溝《みぞ》に積もった落ち葉や土をス

小水力発電の掘り起こし作業。いちばん手前は小田原の加藤憲一市長（提供：ほうとくエネルギー）

コップで取り除いていきます。そして数時間後には、まるで古代遺跡のようなりっぱな石組みがあらわれました。これは神奈川県小田原《おだわら》市の山林で、二〇一三年からはじまった一〇〇年前の小水力発電所の跡地を整備する作業です。この整備事業には、小田原市長をはじめ、小田原でエネルギーづくりに取り組む人たちが大勢参加しています（本章扉写真）。

　ちなみに「小水力発電」とは、一般的には出力が一〇〇〇キロワット（一般家庭約三〇〇世帯分の電気）以下の水力発電のことです。ダム式の一般的な水力発電とちがうのは、発電量だけではありません。ダム式の水力発電は、ダムに水をため一気に放水することで発電するものです。大きな電力を得られる反面、大工事を必要とすることや水の流れを止めてしまうことから、環境にダメージを与えます。

小水力発電は「流れ込み式」とも呼ばれ、川の流れを止めずに発電するものです。発電量は小さくても、その多くが地域の人たちが自分たちで設置できるうえ、環境への影響も少なくてすみます。明治や大正時代に山間部を中心にさかんに設置された発電所も、大半がこのような小水力発電所でした。

小田原の小水力発電所は、いまからおよそ一〇〇年前の大正時代につくられたものです。つくったのは山の持ち主で、今回の整備事業の呼びかけ人でもある辻村百樹《つじむらももき》さんのおじいさんです。資産家だったおじいさんは、当時のお金で三万円（現在の価値ではおよそ三〜五億円）もの私財を投じて、出力一一七キロワットの発電所をつくりました。

作業後にきれいになった水路

そこで生まれた電力は、主におじいさんが所有する製材所や自宅で使われました。発電所は三〇年以上稼働《かどう》しましたが、その後は山間部に送電線が整備されたために停止します。山林に放置されているあいだに、高価な発電機は盗まれてしまいました。しかし、当時の技術を駆使してつくられたりっぱな石組みは、いまでもしっかりと残っています。

辻村さんは、この跡地を整備して、もう一度光を当てたいと言います。

「いまの技術を使えば、もっといい発電ができるかもしれないという期待をしています。また、こうした遺構《いこう》を活用することで、地方にもともとあったエネルギー資源に目を向けてもらうきっかけをつくりたいのです」

現在は川の水量が減っているため、どれくらい発電できるかはわかりません。そのための調査をおこなっているところですが、辻村さんはもし発電所として使えなくても、地域にこんなりっぱなものがあったという価値を史跡として保存したいと、周囲の整備も同時にすめています。

この整備事業は、過去の取り組みを思い返すということだけでなく、地域の力を集結させることにもつながっています。「郷土の小水力発電所を復活させよう!」を合い言葉に、この整備作業に参加した人々はバラエティ豊かです。小田原で町づくりを担う地元企業や民間団体、学生らボランティアに加え、そうした人たちが協力してつくったご当地電力会社の

「ほうとくエネルギー」も深く関わっています。ほうとくエネルギーについては第5章で詳しく紹介しています。

おもしろいのは、この掘りおこし作業に関わっているメンバーがかならずしもエネルギー問題に関心が高い人ばかりではなかったことです。作業には、自民党の保守的な政治家も参加していました。モチベーションとなったのは「地域を盛り上げたい」という思いです。

参加団体の一つ「小田原藩龍馬会」は、江戸時代末期の志士《しし》、坂本龍馬の生き方を学びつつ、地域おこしをめざすグループです。メンバーの中から掘りおこしの話が出て、「小田原の歴史に関わる話だから、みんなでやろう」となりました。龍馬会のメンバーで運送会社社長の古川達高《たつたか》さんは言います。

「最初は土に埋まっていたのでよくわかりませんでしたが、掘りおこして、お城のようなりっぱな石組みがあらわれたときには感動しました。何もない時代に、こんなすごいものを創造したのは驚きだし、郷土の誇りになります」

龍馬会は、脱原発やエネルギーシフトをめざす集まりではありません。しかし、みんながこの活動に楽しんで参加しています。小田原への郷土愛があるからです。

一方で、脱原発デモに参加していたという女性も掘りおこしに参加していました。もし、会議室に集まって脱原発するかどうか議論をしたら、意見が嚙《か》みあわなかったかもしれません。でも、そういうメンバーが「地域のために」とともに汗を流して穴を掘る姿は、地域のエネルギー事業ならではの光景と言えます。

小田原のこの取り組みからは、思想はちがっていても、地域にとって何が重要かを話しあい、一つずつ形にしていくことがどれほど大切なのかがわかります。そこには、これからの地域づくりのヒントが隠されているようです。地域の将来を考え、具体的な行動をおこすことで共感を広げている小田原の人々。彼らが掘りおこしているのは、エネルギーだけではなく、地域の力そのものなのです。

第2章

誤解だらけのエネルギー

太陽光を取り入れて室内を明るくする「スカイライトチューブ」。自然エネルギーの使い方は電気だけではない(提供：スカイライトチューブ)

エネルギーをめぐる誤解

第1章では、一人一人がエネルギーに関心を持ったり関わったりすることが大事、という話をしました。でも「ご当地電力がいくらがんばっても、原発のような大量の電力は生みだせないんじゃないの？」という疑問を持つ人はいるでしょう。その疑問に答える前に、そもそもエネルギーとは何かということを考えてみたいと思います。ぼくたちにとってエネルギーがあまりにも身近でなくなってしまったために、日本ではさまざまな誤解や神話をみんなが信じているからです。そのことを確かめるクイズをします。質問は四つあります。全部正解した人は、エネルギーをかなり有効活用できる人だと言えるでしょう。

Q1　次のページの写真の屋根の上にあるものは何でしょうか？（ヒント　太陽光発電用のパネルではありません）

Q2　あなたが自分の家をもっていたと仮定してください。その家をよりエコで快適にする

屋根に載っているものは？（建物は岩手県にある被災者用仮設住宅）

ためリフォームするとしたら、優先的に何をするでしょうか？　エネルギーと関連づけて答えてください（数十万円程度の予算が使えるという想定です）。

Q3　火力発電所や原子力発電所で燃料から電気をつくり、あなたの家庭のコンセントに届けられるプロセスを「発電」「送電」「配電」と言いますが、もともとの燃料のエネルギーを一〇〇とした場合、家庭に届くまでには何パーセントのエネルギーをロスしているでしょうか？

Q4　日本で使う電力のほとんどを、自然エネルギーでまかなうことは可能でしょうか？

　あなたの答えをメモに書いてみてください。次ページから、答え合わせをしてみましょう。

「エネルギー＝電気」ではない

では、正解を伝えながら、エネルギーにまつわる誤解について解説していきます。

Q1の答えは、「太陽熱温水器」というものです。屋根の上に載せるエネルギー機器というと、ほとんどの人が太陽光発電用のソーラーパネルを思い浮かべますが、これは発電とは関係がありません。

太陽熱温水器は、太陽の熱で水を温め、お湯をつくる装置です(図2)。ガスを使わずお風呂や給湯に温水が使えるだけでなく、システムを組めば床暖房としても使えます。中は魔法瓶《びん》のような構造になっていて、昼に温めたお湯が夜でも温かいまま使用できます。太陽の熱でお湯をつくるというシンプルなものなので、太陽光発電設備よりはるかに安く手に入ります。一世帯が使うお湯をつくるために必要なスペースも小さく、都会の小さな屋根でも十分効果を発揮することができます(＊1)。もし電気やガスが止まれば、家庭の給湯システムは止まってしまいます。でも、太陽熱温水器なら水さえあればお風呂に入れるのです。実際に、東日本大震災がおきたとき、太陽熱温水器は大活躍しました(＊2)。

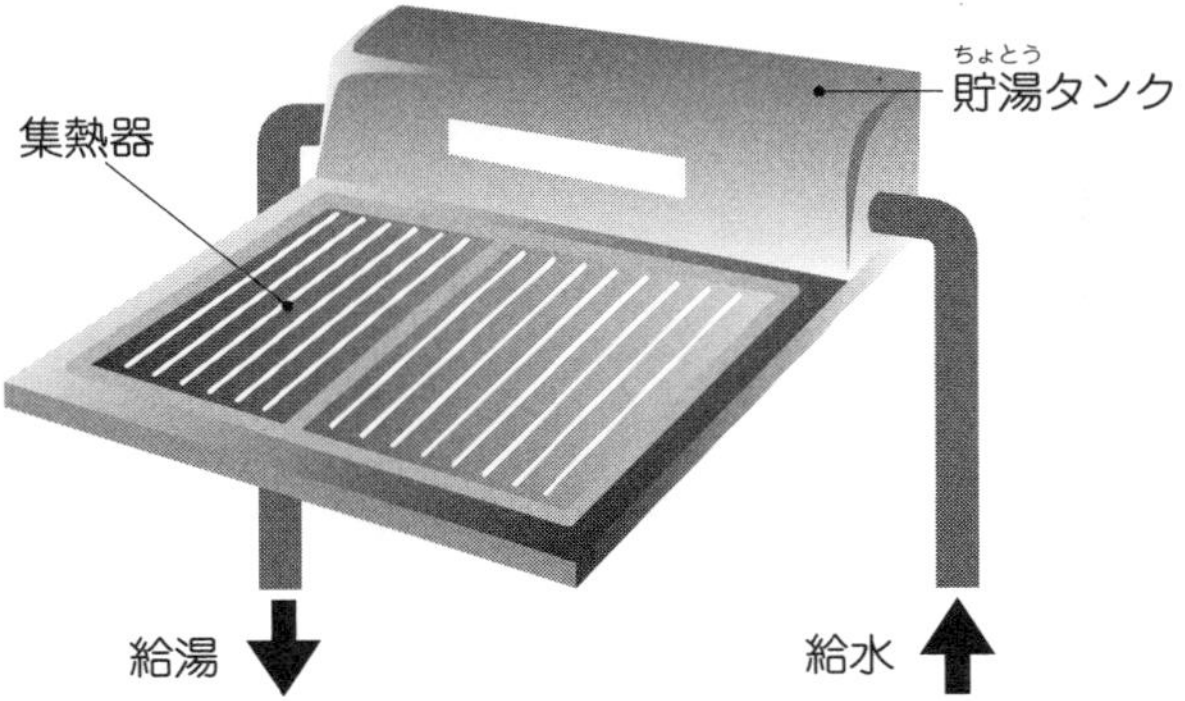

図2　太陽熱温水器のつくりはとてもシンプル

こんなにすぐれたものなのに、日本ではほとんど広がっていません。なぜでしょうか？　日本でもオイルショックがおきた四〇年ほど前に流行したことがあるので、地方では古びた設備をそのまま使っている家庭もあります。しかし数年後に石油価格が安くなったことなどを理由に普及が止まり、現在は都会ではほとんど忘れられた存在になってしまいました。東京で生まれ育ったぼく自身も、実はこのような取材をはじめるまで、太陽熱温水器の存在を知りませんでした。

みなさんの家で自然エネルギー設備をつけようと思ったら、まず思い浮かぶのは太陽光発電でしょう。でも、一五〇万円とか二〇〇万円かけて設置するのは覚悟が必要です。太陽熱温水器は三〇万円程度なのでオススメなのですが、たいていの人は知らないので、選択肢に入りません。誰も知らないから、どうせ売れないだろうとメーカーは宣伝に力を入れません。そんな悪循環のため普及していかないのです。

これは環境にも家計にも、とてももったいないことです。海外ではまるで事情がちがいます。欧米や中国さらに中東やアフリカなど世界のほとんどの国々では、安くて効率のいい太陽熱温水器が、ソーラーパネルよりはるかに普及しています。たとえばスペインでは、二〇〇六年から新設の建物には一定の割合で太陽熱温水器の設置を義務づける、ソーラーオブリゲーションという法律ができました。これによって爆発的に普及しました。こうした動きは、周辺のドイツやフランスなどにも広がっています。

なぜ世界と日本の認識がこうもちがってしまったかという理由の一つには、日本では、エネルギーといえばイコール「電気」と考えてしまうことがあげられます。でも、電気はエネルギーの一つにすぎません。私たちがふだん使っているエネルギーには大きく分けて三種類あり、「電気エネルギー」の他に、暖房や給湯などの「熱エネルギー」、そして乗りものを動かすための「燃料」があります。

日本全体で使われるエネルギーは、熱エネルギーが五〇%、燃料が二七%、そして電気が二三%です(二〇〇九年のデータより)。エネルギー全体の割合からすれば、私たちが思うほど電気の割合は高くありません。さらに、一般家庭では電気より熱エネルギーを使う割合がさらに高まります。暖房や給湯といった熱が三分の二、残りが電気という内訳《うちわけ》です。それなら、太陽の光を電気にいったん変換してから熱をつくりだすという面倒なことをするよりも、熱をそのまま活かしたほうがよほど効率がいいはずです。

限られた資源を有効に活用するためには、それぞれのエネルギーの特徴を活かして、賢く使っていく必要があります。何でもかんでも電気にすればいいという発想は、おかしなことなのです。

＊1　太陽熱温水器は、ソーラーパネルとくらべて価格は約七分の一、スペースは約三分の一ですむ。また、太陽エネルギーをどれくらい有効活用できるかという「エネルギー変換効率」は、太陽光発電は一〇％台なのに対して、太陽熱温水器は四〇～六〇％と高い。

＊2　自然エネルギーを活用した災害支援「つながりぬくもりプロジェクト」については、筆者の著書『自然エネルギー革命をはじめよう』で詳しく紹介している。

自宅の燃費を知る

Q2の「どうやって家をエコで快適にするか」という問いの答えも、いまの話と関係しています。この回答で「ソーラーパネルをつける」と答えた方もいると思いますが、残念ながらちがいます。何でも電気で考えてはいけないというのは、ここでも同じです。家のエネルギーを省エネ化して、さらに快適に過ごせるようにするには、「温度と湿度のコントロール」が欠かせません。

ソーラーパネルでつくった電気で高性能エアコンをたくさん動かせば、温度をコントロールできるかもしれません。でも、エアコンは電気をじゃんじゃん使って室内の熱気を熱交換して外に出す機器です。家の中は涼しくなったけど、外は室外機の熱で熱くなっています。また、エアコンをたくさん動かすと空気が乾燥しすぎてしまうので、加湿器を使うというように、たくさんの家電を動かす悪循環におちいります。

日本の建築業界では、各部屋にエアコンをつけることを前提にした家づくりが常識なのですが、設備に頼らないと快適になれないというのは、そもそも日本の家づくりに問題があるのです。ほとんどの日本人は知らないのですが、じつは日本の家の断熱《だんねつ》性能は、先進国の中でかなり劣っています。断熱材の種類や厚さ、また施工《せこう》方法などに欠陥《けっかん》があるからです。なぜこのようなことになっているのでしょうか？

何でも電気で考えてしまう悪い習慣が影響して、日本ではエアコンのような設備や、太陽光発電のようなエネルギーをつくる「創エネ」機器に注目が集まります。でも、家という入れものが穴だらけであれば、せっかく光熱費をかけてつくった貴重な空気は逃げていってしまうばかりです。

本当にエコで快適な家というのは、「エアコンのいらない家」です。といっても、単にガマンするのではありません。室内の暑さや寒さに影響するのは、床や壁、天井の温度の変化です。また、窓から出入りする空気も大きな影響をおよぼします。そこで、気密《きみつ》性能を高め、断熱材の厚さや素材を変え、窓や窓枠などに工夫をすることで、夏も冬も快適な住まいをつくることができます。

北欧のスウェーデンなどでは、冬には外がマイナス三〇度なのに、家の中は暖房機器をつけなくても一八度を下まわらない「無暖房住宅」という家が増えています。断熱材と窓枠を工夫すれば、もし真冬に停電したとしても、凍《こご》える寒さに耐える必要はないのです。

「断熱材を厚くすれば冬はいいかもしれないが、夏は暑くなる」と思う人もいるかもしれません。でも、ドイツや北欧で使われている断熱材は、湿気も吸い取り、最適な状態にコントロールしてくれる性質をもっているため、夏も涼しい環境をつくりだしています。日本の家ではたとえば真夏など、家の天井近くのスペースなどは蒸し暑くてとても長くいることはできませんが、同じ温度と湿度なのに、ドイツで使われている断熱材を活用すれば、一晩そこで寝ることができるほど快適なのです。最初はぼくも「ウソだろう⁉」と驚きましたが、実際にモデル住宅を見学して、まったく空気感がちがうことを実感しました(＊1)。

ドイツや北欧の人たちが、こうした省エネ住宅にたどりついた理由の一つは、子どもたちの健康を大切にした家づくりを考えたことがきっかけでした。夏の湿気をそのままにしておくとカビが繁殖《はんしょく》します。また、冬の乾燥はウイルスの増殖を助けます。その両方を、家電に頼らず解決する方法を探ったのです。

健康だけではなく、経済性も大きな要素です。ドイツの一般の人たちは自分の家の断熱性能について詳しく知っていますが、たいていの場合は環境意識が高いからではありません。省エネ性能が高ければ、光熱費が減り、家計が助かるからです。電気やガスなどの光熱費は、日本でもドイツでも年々上昇しています。原油価格は過去一五年でおよそ三倍に増えています。このペースで上がりつづけると、いまと同じ暮らしをしていても、一〇年、二〇年後には光熱費が家計を圧迫するようになるのは確実です。

ドイツではオイルショックを経験した一九七〇年代から、家の燃費《ねんぴ》性能を表示する「エネルギーパス」という基準を使い、住宅の省エネ化をすすめてきました。この基準は、二〇〇八年からはEU全体の基準にもなっています。誰もが自分の家の省エネ性能が一目でわかるようになっているのです。

一方、日本では「家の燃費」など気にしたことがある人はほとんどいません。でも、ほかの買い物ではちゃんと気にしているのです。たとえば車でも冷蔵庫でもエアコンでも、年間どれくらいの燃費がかかるかというデータは表示されているし、買う前に気にしていますよね？　それなのに一生で一番高い買い物であるはずの家で、燃費を気にしないというのはおかしなことだと思いませんか？

日本では家の燃費については、最近まで家をつくるプロのあいだでも見過ごされてきました。家づくりは住む人の快適性よりも、簡単に施工できて見栄えがよいといったつくり手側の都合が優先されてきたのです。その結果、日本中に夏は湿気がこもり、冬は足下から冷え込むような家ばかりがつくられていきました。こうして、ドイツと日本の住宅の省エネ性能は、何倍も差がつくようになってしまったのです。

しかし日本でも、家の燃費性能を一つの基準にしていこうという動きが生まれています。またその基準にあった省エネ住宅を販売したり、リフォームを手がける業者も、徐々に増えてきています(＊2)。ということで、Q2の回答としては「気密・断熱と窓の工夫をして、温度と湿度をコントロールする」ということになります(＊3)。

＊1　ドイツで使われている断熱材はセルロースファイバーという素材で、湿度をコントロールしてくれる。また壁はミネラルロックウールという材質で、火や雨は通さないが湿気を排出する。セルロースファイバーはここ数年、日本でも使われはじめた。

＊2　日本でも、家の燃費という考えを広めようと二〇一一年に「日本エネルギーパス協会」が設立された。また、そうした基準を取り入れた「低燃費住宅」を手がける施工業者も徐々に増えている。

＊3　気密・断熱と窓枠のほかにも、ひさしの改良など、総合的に工夫することでより快適になる。ちなみに、ドイツでは、二〇〇六年以降に政府が積極的に省エネリフォームを推進したことで、現在は一〇兆円規模の産業に成長している。その結果、国内の施工業者の仕事は増え、入居者の光熱費も減るという好循環が生まれている。

エネルギーの大半は捨てられている

Q3の「エネルギーロスの割合」はどうでしょうか？

それには、まず電気がどのようにつくられているかを考える必要があります。発電の方法は、火力発電も原子力発電も同じで、単純なことをしています。おおまかに言えば、水の入ったヤカンを温めて蒸気を出すのと同じ原理です。火力なら、石炭、石油、ガスなどを燃やして高熱をつくり、原子力では、ウランを核分裂させて熱をつくります。いずれもそこから生まれる水蒸気で発電機のタービンを回し、電気をつくるのです。

問題は、電気をつくるために生まれた熱は使い道がないので、その場で捨てていることです。その割合は、なんと当初のエネルギーの約六〇％以上。つまり外国から高い費用を出して買っているエネルギーの半分以上を、電気をつくる時点で捨ててしまっているのです。

それだけではありません。発電所でつくられた電気は、送電線を通じて私たちの家庭に届けられるのですが、数百キロの道のりのあいだでも、数パーセントのロスをしています。そうして届いた貴重な電気を、たとえば電気ポットやホットカーペットなど熱にして使う機器に使うとしたら、とてももったいないことになってしまいます。大量の熱を捨ててつくった貴重な電気を、ふたたび熱として利用するのだから効率がよいわけがありません。その場合、最初のエネルギーを一〇〇とすると、一〇％も有効利用できていないことになります。Q1の説明で「熱は熱からつくったほうがいい」と言いましたが、それと同じことです。

私たちは「省エネ」というと、家庭のコンセントの先からどれだけ減らせるかという視点からだけで考えがちです。もちろんそれはそれで大切なことですが、送られてきた数パーセントのエネルギーだけを考えても大きな変化は生まれません。その根元には、六～七割におよぶ膨大な無駄が出ていることに目を向けて、どうすれば改善できるのかについて取り組む必要があります。

では、電力会社の人が説明している「オール電化住宅はエコ」「ＩＨ調理器はエコ」という話をどう考えればいいのでしょうか？　もうおわかりかと思いますが、この話はまちがい、あるいは営業のためのウソです。生活に必要なエネルギーのすべてを電気でまかなうオール電化住宅は、エネルギーの視点から考えれば、とても効率が悪く、環境にも負荷を与えています。

大手の電力会社は、消費者に電気をたくさん使用してもらえばもらうほど、もうかる仕組みになっています。だから、ガス会社や石油会社がになっていた給湯や調理などの分野のシエアを奪おうと、オール電化というアイデアを考えたのです。震災前までは、そのオール電化住宅が「CO_2を削減するからエコ」になるというキャッチフレーズで、すごい勢いで売れていました。確かに家庭のIH調理器や、給湯器のエコキュートでは直接の二酸化炭素は排出しません。でも、発電所を含めた大きな視点から考えると、環境に膨大なCO_2を放出していることはまちがいありません。オール電化のような発想をつづけるかぎり、発電所を何基つくっても電気は足りなくなってしまいます。

ぼくは別に、電気よりガスのほうがすぐれていると言っているわけではありません。エネルギーには適材適所があり、状況に応じて使い分ける必要があるのです。熱エネルギーがほしいのであれば、電気よりガス、ガスより太陽熱のほうが有効で、省エネになることは確かです。ということでQ3の回答は、「六〇～七〇％のエネルギーをロスしている」です。二〇一三年、日本が外国から買っている化石燃料の代金は約二七兆円でした。その大部分のエネルギーを捨てていると考えれば、どれほどもったいないことをしているかがわかります。

自然エネルギー利用は、省エネとセット

では、最後の「電力のほとんどを自然エネルギーでまかなうことは可能か」という質問です。その答えは、「可能」です。でもそれを実現するためにはいくつかの条件があります。たとえば、いま現在の日本が使っているレベルと同じ電力をつくろうと考えたら、簡単ではありません。「可能です」と答えるためには、いまと同じレベルの電力で考えないという前提条件があるのです。

自然エネルギーを活用するときには、かならずセットで省エネを考える必要があります。これまでの質問で触れてきたような、エネルギーの有効利用や省エネの推進によって、いまの五〇%のエネルギーを削減するとしましょう。そうすれば、自然エネルギーでいまの二五%の電力をまかなえれば、五〇%の電力をまかなったことになるのです(図3)。二五%という数字は、ドイツや北欧、スペインなどはすでにこの数字を上まわっています。風力発電がさかんなスペインでは、月によってはすでに五〇%をまかなっています。

省エネと自然エネルギーでまかなうような社会を実現するために大事なことは、とにかくじゃんじゃん電気を使う社会から抜け出すことです。そして、電気を使わないからと言って

快適性が失われない、あるいはむしろ快適になる方法があることを知ることです。

さて、ここまで四つの質問を説明してきました。答え合わせはどうだったでしょうか？

答え合わせを踏まえて、みなさんにぜひやってほしいことがあります。世の中に、いかに電気を無駄に使うグッズであふれているかを体感してもらいたいのです。やりかたは簡単です。できるだけ大きな家電量販店を訪れ、本当は電気でなくてもいい商品がどれくらいあるか、チェックしてみてください。そのような商品が生まれる背景には、すべてを電気で解決しようという日本ならではの発想があります。私たちは、電気である必要のないものを、膨大な労力とエネルギーをかけて開発し、消費しています。そして使われる電力は、外貨をはたいて買ってきた燃料の大部分を無駄にしてつくられた貴重なエネルギーです。電気屋さんを歩いて、その構造に思いをめぐら

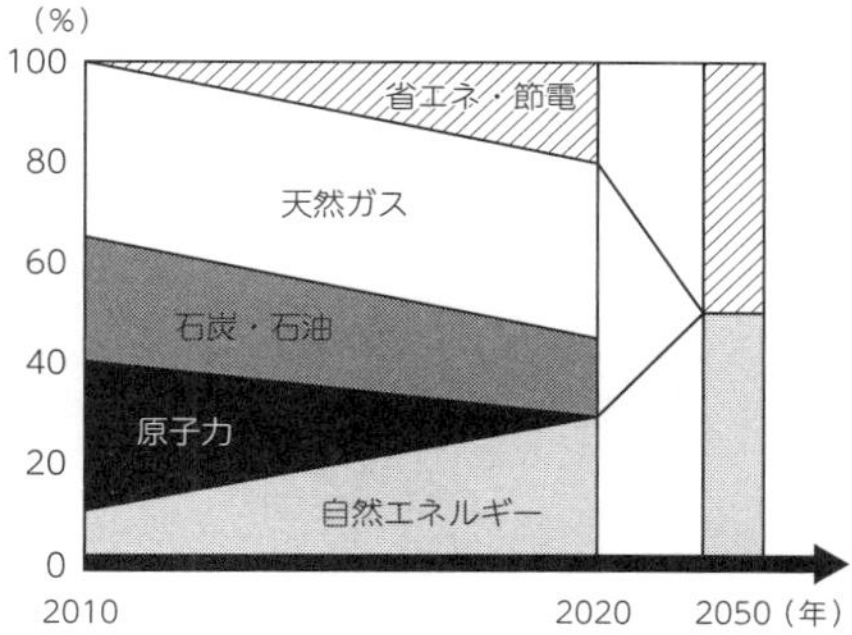

図３　将来のエネルギー比率のビジョン（NPO法人気候ネットワーク）。自然エネルギーを増やす以上に、省エネをすすめる必要がある

せてほしいのです。

　あるいは、家庭にすでにたくさんの電化製品があるのなら、思いきってリストラしてしまってもいいかもしれません。たとえば、わが家では長いあいだ、電気ポットは使っていません。一日二回、ヤカンで沸《わ》かしたお湯を魔法瓶に入れておけば、いつでも熱いお湯が飲めるから不要なのです。コーヒーメーカーだって、手で入れた方がおいしいので不要です。ほかにも快適性を損《そこ》なわず、電気を減らすアイデアはいろいろあります（本章扉写真）。

　ここまで偉そうに説明してきましたが、ここにあげた四つの質問はいずれも、ぼく自身が自然エネルギーの取材をはじめるまで、知らなかったか、適切に答えられなかった質問です。それまでぼくは原発の本も書いていたので、エネルギーについてもそれなりに知っているつもりでいました。でも、取材をはじめる直前にぼくは電気暖房器具を購入しました。商品を選ぶ際は、少しでもエネルギー効率がいいものを探したつもりだったのですが、そもそも「電気で暖房することは効率が悪い」ということを知らなかったので、買った後でそれに気づいたときはとてもショックを受けました。

　多くの建築家や研究者、マスメディアに関わる人たちも似たようなものだと思います。この人たちは、一般の人にエネルギーのことを伝える側の人たちですが、彼らがわかっていいないのだから、一般の人が知らないのは当然です。ここでとりあげた話はエネルギーにまつわる誤解のほんの一部ですが、この国では、エネルギーをめぐるまちがった常識を信じこまされてきたのです。

こんな状態をそのままにしておいて、「原発がいいか悪いか」とか「エネルギー政策をどうすればいいか」といった議論をしても、実のある内容にはなりません。まずエネルギーの特性と使い方をきちんと見きわめたうえで、環境負荷《ふか》の低いエネルギー政策をすすめる国々の取り組みに学ぶ必要があります。そのうえで、最小の投資で最大の効果が得られる方法をとるべきでしょう。

「原発が止まったから日本が赤字になった」はまちがい？

そのような視点から日本のエネルギーシステムを考えると、残念ながらとても非効率だと言わなくてはいけません。賢くエネルギーを利用することは、最近では「スマート○○」と言われますが、日本のシステムはまったくスマートではないのです。ところが誤った常識が信じられてきたので、システムに問題があるのだと気づきにくくなっています。

例をあげてみましょう。福島原発の事故で日本中の原発が停止したため、止まっていた火力発電所を動かすことになりました。そのため化石燃料の輸入量が増え、より多くのお金がかかるようになっています。

経済産業省では震災前の二〇一〇年にくらべ、日本全体で使う化石燃料の輸入額が一〇兆円、発電用にかぎっても二〇一三年度は三・六兆円も増えているとしています。そこで「原発が止まったせいで国民の貴重なお金が一日に一〇〇億円も外国に流れている。早く原発を再稼働《さいかどう》させるべきだ」という意見が出ています。でもこの説明には、多くの誤りがあります。

まず、金額から考えましょう。震災前の二〇一〇年と二〇一三年とをくらべると、日本全体の化石燃料への支払い金額は確かに約一〇兆円、割合としては五七%も増えています。でも、輸入した量は六%しか増えていません。本来ならもっと増えていてもいいのですが、震災後に節電への取り組みがすすんだことで、エネルギー使用量はそれほど増えませんでした。

金額ばかりが増えた理由が二つあります。一つは化石燃料が値上がりしたことです。もう一つは、「アベノミクス」の名のもとで日本銀行が円をたくさん刷り、国際的な円安をつくりだしたことです。結果として、量はあまり増えていないのに、多くの円を使わなければならなくなりました。計算すると、一〇兆円のうち八～九兆円程度は、原発停止とは何の関係もない金額なのです。

同様に、発電用に限定した三・六兆円という数字も、事実とは異なります。燃料費の高騰《こうとう》、円安の影響などを考慮して計算しなおせば、実際には一・六兆円程度です（自然エネルギー財団の計算による）。電力会社と経産省の一部が、原発を再稼動する世論をつくるために影響を誇張しているのです。

もちろん、一・六兆円だって大きな数字です。また、化石燃料の費用はできるだけ減らすべきだということもまちがいありません。それでも原発を再稼動することで解決する問題ではないのです。

地震や津波による災害のリスクや大規模集中型のエネルギーに頼ることの危うさは、3・11の前から何度も指摘されてきました。しかし、東京電力は「そんな事態はおこりえない」として原発以外の電源に力を入れず、その結果として停電や燃料不足を引きおこしました。もし、前もって老朽化《ろうきゅうか》した火力発電を効率のいいものに改修したり、自然エネルギーなど分散型エネルギーの拡大に力を入れていれば、これほどの燃料費はかからなかったはずです。老朽化した火力発電所がつくった割高な電気料金を支払わされている日本人は、原発の安全対策より、目先のもうけを優先してきた電力会社のツケを支払わされているようなものなのです。

そのような意味で、「原発を動かさないから国民の富が外国に流れている」という認識はまちがっています。逆に、「原発に頼りきったエネルギーシステムにこだわってきたために、大規模な事故がおこり、今回の富の流出を招いた」と言えるでしょう。だから、どれだけ原発を再稼動させても、本質的な問題は何も解決しません(*)。

ちなみに現在のシステムでは、電力会社は燃料費がかかればかかるほど、その費用を上乗せした電気代を請求できるようになっています。燃料費が高騰すればもうかるシステムなので、外国との価格交渉も熱心にはおこなわれてきませんでした。そのため日本だけが高い価格で買い取るという不思議なことがまかりとおってきました。

日本のエネルギーシステムで優先されてきたのは、効率性でも消費者の利便性でもありません。電力会社がいくらもうかるかということがもっとも大事で、それ以外は後まわしにされてきました。原発の安全対策や避難対策がおろそかにされてきた理由もそこにあります。いままでは停電さえおこさなければ、一般の人たちがそこに関心を持つこともありませんでした。

エネルギーと経済、そして社会的な視点から合理的に考えると、原発はまったく効率が悪く、採算のとれないシステムです。それではなぜいまも「原発が必要」という意見が出るのでしょうか？　その理由は、「原発がエネルギー問題ではない」からです。エネルギーをこえた、政治的な存在と言ってもいいでしょう。原発をエネルギー問題という視点だけで考えることは、誤った答えを導きだすことにつながってしまうように思います。

＊政府は、二〇一四年四月に閣議決定したエネルギー基本計画で、今後のエネルギーの柱は原発と価格の安い石炭火力を中心とすると掲げた。しかし、原発は事故のリスクが高く、石炭は化石燃料の中でももっとも多くのCO_2を排出する環境負荷の高いもので、それを推進することは賢いエネルギーの使い方とは言えない。天然ガスを活用した火力発電所の高効率化、自然エネルギーの拡大、省エネ対策などに力を入れるといった政策をすすめる必要がある。

第３章

コミュニティパワーで国を動かす

オーストラリアの市民風車とタリン・レーンさん（提供：Hepburn Wind）

「自然エネルギーなら何でもいい」というわけではない

将来的には省エネを含めて自然エネルギーを増やすことが大事という話をしてきました。では、自然エネルギーであれば何でもいいかといえば、そういうわけでもありません。

ぼくは二〇一二年以降、各地で自然エネルギーが爆発的に増えているようすを、この目で見てきました。でも、そのほとんどは国や大企業、あるいは自治体(市町村)が中心になっている巨大プロジェクトです。こういった組織が自然エネルギーをすすめること自体は悪いことではないのですが、やり方に疑問を感じることが少なくありません。

例として紹介するのは、大企業が中心のプロジェクトです。地方には使われていない土地がたくさんあります。土地を有効活用しようと考えている地方自治体は、都会の大企業と協力して、メガソーラーという大型の太陽光発電所や風車を設置しています。たいていの場合、自治体はエネルギーについてノウハウがありませんから、お金も設備も企業が準備して設置していきます。そうすると、地方にはわずかなお金が税金や土地の賃借料《ちんしゃくりょう》として入りますが、収入のほとんどは設備をもっている企業のものになってしまいます。

しかも、そこで得た収益の大半は地域で使われず、都会に持っていかれてしまいます。その地域に降りそそぐ太陽や風は、本来は地域の人たちのものです。ところが、住んでいる地元の人にとっては大きな発電所ができたというだけで、ほとんど何のメリットにもなりません。

事故をおこした原発を運営する東京電力と福島の人々との関係も、それと同じでした。福島の沿岸には狭い範囲に一〇基もの原発が立ち並んでいました。そこでつくられた電気は、すべて東京などの都会に送られ、福島県民は一ワットも使用していなかったのです。でも、原発事故の被害を受けてもっとも苦しい思いをしています。

これに対して「福島はお金をもらっていたのだからいいだろう」と言う人がいます。確かに、原発のある自治体では多くの補助金をもらい、豪華な施設などをつくっていました。でもその大半はいまでは誰も住めない場所になってしまっています。故郷を奪われた人たちにとって、豪華な施設が何の役に立つのでしょうか？　また、お金をもらえる地域はごくわずかなので、今回被災したほとんどの地域では、お金すらもらえていませんでした。

何より、もともと財政の苦しい地域を狙って、お金と交換に都会の人がいやがって受け入れない施設をつくらせるというのは、対等な関係ではありません。このような不平等な関係

震災が起きたときのまま放置されている南相馬市小高地区の民家(2014年 1月)

をベースに成り立っている経済を「植民地型経済」と呼びます(*)。

これに対して、地域が自立して自分たちの意志でつくる経済を「自立型経済」と言います。先に例としてあげた地方に大企業が太陽光発電所を設置するというケースは、「植民地型経済」のまま、ただ電源を原発から自然エネルギーに変えただけのものです。確かに放射能に汚染される心配はありませんが、都会と地方との関係性は以前と何も変わっていません。その関係を変えるためには、地方の人にとってメリットになる仕組みをつくる必要があるのです。

*植民地とは、本来はある国が別の国や地域を軍事力や経済力によって支配下におき、資源や人

材、富を収奪すること。植民地的な関係というのは、国家間にかぎらず、たとえば豊かな地域と貧しい地域の差を利用して、一方が他方から収奪するような構造になっているケースを呼ぶ。

つくることが目的になってはいけない

国や自治体が中心になっているプロジェクトでも、問題が生まれています。ぼくが取材した沖縄のある自治体では、自治体と国のエネルギー機関が二〇〇一年に二億円ずつお金を出し合い、合計四億円で三基の風車を建設しました(＊1)。

ところが、二〇一二年にぼくが訪れたときには、三基とも故障で止まっていました。担当者に「なぜ止まっているのですか?」と聞くと、「台風で壊れました」と教えてくれました。でも、台風で壊れたのはその年だけではありません。前の年も、その前の年も、同じように台風で壊れ、そのたびに多額のお金をかけて修理していたのです。

風車が回っているときは、売電《ばいでん》した収入が市に入るのですが、年間を通すと収入よりも修繕費《しゅうぜんひ》のほうが高くついていました。その赤字分は、市民の税金から支払われています。だからこの風車は、市民から嫌われていました。いまでは、直してもまた壊れるし、撤去《てっきょ》するに

台風で壊れた沖縄の風車

も費用がかかるので、壊れたまま放っておかれている状態です。

でも、沖縄に台風が来たのは最近のことではありません。毎年大きな台風がやってくることは、沖縄では子どもでも知っています。風車を建てるなら、台風のときはどうするのかという対策を考えるのはあたりまえです。自然エネルギーの設備は、いったん設置すれば二〇年以上使うものです。つくるのであれば、メンテナンスも含めてきちんと考えなくてはうまくいきません。ところがこのケースでは、国と自治体がなんとなく「環境にいいのだから」と建ててしまったために、何の対策もされなかったのです。

また、この自治体では専門の担当者を置いていませんでした。ぼくに話をしてくれた担当者は、風車が設置された市のテーマパークの設備や機器を管理している方でした。日常のさまざまな業務に加えて、たまたまこの施設内に風車が建てられたため、「ついでに」担当させられてしまったのです。この人は、動かない風車を担当させられて迷惑に感じていましたが、それもそのはずです。

壊れた風車を見た人は、「やっぱり自然エネルギーはダメだ」と思うかもしれません。でもそれは自然エネルギーの問題ではなく、プロセスに問題があるのです。きちんと対策をすれば、台風対策もできます。実際に沖縄の別の自治体では、台風の際はその影響を受けないようたためるタイプの風車が導入され、故障もなく順調に動いています。

全国には、このような「設備をつくることが目的」になってしまっているプロジェクトがたくさんあります。ぼくは、風が吹かないところに建てられた風車や、採算がまったく合わず止まっているバイオマス発電所など、何億円もかけて設置したのに、いまはガラクタ同然になっている設備をたくさん見てきました。

そうしたケースでは、国や市側は設備を建てたことで満足してしまい、その後のメンテナンスやどう活用するかについてのビジョンを、まるで持っていないのです。国や自治体の担当者は、設備ができた段階で「うちはこんなりっぱなモノをつくりました」とわかりやすい「成果」をしめすことができます。担当者は、だいたい二年から三年ほどで部署を異動するので、そのあと動かなくなっても誰も責任をとることはありません。また、たとえつくった人が熱心でも、新しい担当者が関心が薄く、放っておかれてしまうケースもあります。
一方、国から依頼されて設備をつくった民間企業にはお金が入ります。この沖縄の風車の例でも、修繕する際に受注した大企業を通してしか対応できない契約になっていました。そこで、風車が壊れるたびにその業者は他より高額な費用を請求してもうけていました。このような仕組みを見ると、設置したそれぞれの人たちにとっては、風車が動かなかったとしても十分なメリットがあったのです。

このような問題がおきているのは、エネルギーに限ったことではありません。莫大なお金を使って役に立たないものをつくる問題のある公共事業は、道路や空港、建築物など、あらゆる分野に存在しています。とくに巨大なお金が動く原子力発電をめぐる分野では、こうしたおかしなことがつづいてきました(＊2)。

そのお金の出所は、わたしたちが支払う税金や、高速道路料金、電気料金などです。本来は「公共」のための仕事ですから、みんなのお金がみんなの役に立つように使われるべきなのですが、実際には一部の人だけがもうかるシステムに吸収されていっています。それを「利権構造」と呼びます。国の予算の一部は、そんなモノのために使われているのです。日本政府の財政はずっと赤字つづきだというのに、いつまでもそんなことをくりかえしていていいのでしょうか?

ぼくが「自然エネルギーの設備を増やすだけではダメ」と言うのは、そうした背景のもとに、エコを語って利権を得ようとする人たちがいるからです。このような無駄を生む仕組みを見直すことは、やる気にさえなれば十分できることです。そのためには、責任ある組織がしっかり準備をして、地域住民の声を反映させたビジョンをつくり、お金の流れを透明にして、第三者機関がチェックできるようにしておく、といった対策が欠かせません。

＊1　「国のエネルギー機関」の正式名称は、経済産業省が所轄《しょかつ》するNEDO(独立行政法人新エネルギー・産業技術総合開発機構)。

＊2　たとえば、国が三兆二〇〇〇億円以上の予算をかけて一九六〇年代からつづけてきた「核燃料サイクル事業」は、度重なる事故によって二〇一四年一一月現在、いまだに一ワットの電気も生み出していない。にもかかわらず、多額の維持費を支払いながら政府の方針で継続することだけが決まっている。

市民が参加してつくった巨大風車——デンマーク

自然エネルギーというツールを活かすには、ちょっとしたコツが必要です。そのヒントを、北欧のデンマークから探ってみましょう。デンマークはすでに風力発電だけで三〇％以上の電力を生み出しています。そして二〇二〇年には五〇％に増やそうという目標もかかげています。

デンマークが自然エネルギーに力を入れるようになったきっかけは、一九七〇年代から八〇年代にかけておこなわれた、エネルギーをめぐる大論争でした。当時のデンマークは、電力のほとんどを石油を使った火力発電に頼っていましたが、一九七〇年代の二度のオイルショックによって、電力不足と経済の大混乱がおこります（＊1）。危機的な状況を受けて、政府は原発一〇基を建設する計画を立ち上げました。ところがこの計画には反対する人も多く、全国民を巻きこんだ大論争へと発展していきます。この国の将来のエネルギーをどうしたらいいのかとみんなが真剣に考え、各地で勉強会や討論会が開催されました。

こうした議論の結果、デンマーク政府は一九八五年に、原発を建設しないと決定しました。そして、風力発電を中心とする自然エネルギーと省エネ政策に力を入れることにしたのです。

このころ、同じように石油に依存していた日本もエネルギー危機を迎えていました。そして日本でも、省エネ意識の高まりや一時的な太陽熱温水器の流行がありました。しかし、国民的な議論はおこなわれませんでした。その後、政府は原子力発電を急速に増やし、石油への依存度を減らすという方針を選びます。

オイルショックがおきた一九七三年には四基しかなかった原発が、その後五四基にまで増えていく背景には、そのような事情も後押ししました。同じような経験をした二つの国は、ここでの選択のちがいによって、大きく進路を分けたのです。

福島原発の重大な事故を経験した日本は、もう一度みんなで考え、選択をやりなおす機会を迎えています。しかも、三〇年前にデンマークが勇気ある決断をしたときとちがい、いまではもうエネルギーシフトの先例がたくさんあります。デンマークもすべてがうまくいったわけではありませんから、失敗例や貴重な経験を参考に、もっと早くエネルギーシフトを実現することは可能なはずです。

そのデンマークでエネルギーシフトをすすめる原動力となったのが、それぞれの地域の「エネルギー協同組合」と「環境エネルギー事務所」でした。エネルギー協同組合は、地域の人たちが集まって、エネルギー事業をはじめるためにお金を出し合ってつくる組織です。

組合員は、風力発電事業をおこなうために「風力株」を一株いくらという形で購入します。このお金は、事業がうまくいけば配当がついて戻ってきます。たくさん出資した人にはたくさんの利益が入りますが、意見を言う権利は持ち株の数にかかわらずみんな対等です。背景はちがいますが、明治時代の日本の山間部の人たちが、地域で小水力発電所を運営していたのと同じような仕組みと言えるでしょう。

一九八〇年代以降、そうした風力協同組合が主体となって、地域の人たちが所有する風車が次々と建てられました。いまでは、風力協同組合に参加した家族は一五万世帯をこえ、デンマークにある風車の八〇%が、こうした市民が所有する風車になっています。

協同組合がつくった風車は、首都のコペンハーゲン近くの海の上にも並んでいます。海に設置する風車を「洋上風力発電」と言います。この二〇基の風車が並ぶミドルグルンデン洋上風力発電所は、市のエネルギー会社と市民のつくった協同組合が半分ずつ所有しています(*2)。

一九九〇年、ここに当時としては世界最大級となる洋上風力発電所が市によって建設される計画が持ちあがったとき、市民から心配の声があがりました。景観が悪くなるとか、騒音や漁に影響が出るといった声でした。でも、コペンハーゲンの人たちは、単に計画をなくすという選択をしませんでした。市民の声を入れて、よりよいプロジェクトにしていくようはたらきかけ、協同組合を立ち上げたのです。

市のエネルギー会社と協同組合は何度も話しあいを重ね、当初計画されていた二七基よりも風車の数を減らし、配置もずいぶんと変えました。そして一〇基をエネルギー会社が、残りの一〇基を協同組合が所有することにしたのです。

住民には情報公開を徹底して、組合に参加していない人たちが疑問や不安をいつでも意見できるようにしました。細かいデータを公開し、他の風力発電所の見学を実施するなど、ていねいな対話をつづけた姿勢に、当初反対運動をしていた人たちも理解をしめすようになったのです。協同組合には注目が集まり、最終的に一万人以上の市民が出資をしました。そして、二

コペンハーゲンにあるミドルグルンデン洋上風力発電所(提供：スカンジナビア政府観光局)

〇〇一年に風車は建設され、稼動がはじまりました。ミドルグルンデン洋上風力発電所は、いまでは「風車王国デンマーク」を象徴する風景の一つになっています。

＊1 一九七三年の第四次中東戦争と、一九七九年のイラン革命によりおきた石油価格の高騰をオイルショックと呼ぶ。当時、安い中東産の原油に頼っていた先進工業国の経済は大混乱した。
＊2 ミドルグルンデン洋上風力発電所は、海岸から約三・五キロの沖合に二〇基の風車が設置されている。出力はそれぞれ二メガワット(二〇〇〇キロワット)で、合計四〇メガ(四万キロワット)。一般家庭では約一万一〇〇〇世帯分の電力にあたる。

地域の発電所が国を動かした

どこかの知らない人がつくった風車であれば愛着はわきませんが、自分たちでお金を出してつくったデンマークの「マイ風車」は、地域の人に愛される存在になりました。収益のことだけを考えたら、よく風が吹く条件のよい地域の風車に出資した方がもうかります。でもデンマークでは、ほとんどの人が自分が暮らす地域の風車に出資しました。そこに、金額では計れない価値を感じているからです。地域の人のお金でつくった風車は地域のエネルギーを生み、それが地元企業の雇用《こよう》につながることで、地域経済にいい影響を与えました。

協同組合とともにデンマークのエネルギーシフトを支えたもう一つのキーワードは、各地に立ち上がった「環境エネルギー事務所」です。環境エネルギー事務所とは、それぞれの地域にいるエネルギーの専門家で、事業をすすめるコーディネーターの役割をになっています。一九八〇年代に各地で原発やエネルギーについての議論がおきるなか、このような組織ができる土台がつくられていきました。

一般の人がエネルギーに取り組もうと思っても、何からはじめたらいいのかわかりません。そんなときは、自分の地域にある環境エネルギー事務所へ相談に行きます。そこには、知識やノウハウを持っている人がいて、エネルギーに関するお金のことや法律、準備の仕方や呼びかけ方などを、いっしょに考え行動してくれるのです。

人口四〇〇〇人の小さな島、サムソ島でも、この環境エネルギー事務所の活躍によって、いまでは電力の一〇〇%以上と、熱エネルギーの七〇%以上を自然エネルギーでまかなうようになりました。サムソ島は、ジャガイモやチーズを名産とする農業と牧畜が中心の島です。しかし、一九九〇年代には若者が都会に出てしまい、過疎化、高齢化がすすんだことで、産

デンマーク・サムソ島のソーレン・ハーマンセンさん

業も衰退をはじめていました。そこで、島の人たちは自然エネルギーを活用して島を盛り上げる道を選びます。その取り組みの中心が、サムソ環境エネルギー事務所のコーディネーターをつとめたソーレン・ハーマンセンさんでした。

　ソーレンさんはサムソ島出身で、島の事情をよくわかっていました。四〇〇〇人の小さな島といっても、農業をやる人、漁業をやる人、住んでいる地域や環境意識のちがいなどで、自然エネルギーへの関心の度合いはまったく異なります。そこに、都会からやってきた専門家やコーディネーターが理想的なことを言っても、なかなか理解されません。彼はそのことをよくわかっていました。

　そこでソーレンさんは、一〇年の歳月をかけてほとんどの島民と対話していきました。そのときに大切にしたのは、「自然エネルギーを導入するために理解してもらう」という姿勢をとるのではなく、「島の将来にとって私たちにいま何ができるのか」という問いかけでした。ソーレンさんのそのような態度に共感した人たちは、徐々に行動をおこし、最終的には風力発電の組合に参加するなど、主体的に関わるようになっていきました。

そして地域の人が所有する風力発電と、各世帯に暖房を送るパイプラインなどが島中につくられ、いまでは島で使いきれないほどの風力発電の電気を売って、農家の収入が増えました。サムソ島は世界的にも有名になり、多くの観光客も訪れるようになっています。

サムソ島におきたような変化が、デンマーク各地でおきました。そこに関わった人みんなが環境意識が高かったというわけではありません。実際に風力発電や省エネをすることで、地域が豊かになることを実感したのです。風力発電だけでなく、木材や麦わらなどのバイオマスを利用した暖房システムやコージェネレーション設備（コジェネ）、さらには省エネ住宅の開発などの省エネ分野でも発展をしていきました。

コージェネレーションの「コー」とは、「二つ」を意味しています。その名のとおり、発電と熱利用の二つを同時におこなうシステムです。従来の電気をつくるだけの発電機とはちがい、発電時に出る熱を捨てず、暖房や給湯などに利用するものです。

イメージとしては、石油ストーブの上にヤカンを置いて、その熱でお湯を沸かすことがあります。これは暖をとりながらお茶が飲めて、一石二鳥です。そうした複合的なエネルギー利用を効率的にしたものと考えてください。熱は遠くには運べないので、コジェネは主に大型の施設や集合住宅、店舗などに導入したり、地下にパイプを通して、地域の個別住宅の暖房として活用されています。サムソ島に導入されているのも、こうした地域暖房です。

第2章で、日本ではエネルギーの半分以上が有効活用されずに捨てられているという話を紹介しました。逆にコジェネが普及して熱を捨てる割合が劇的に減ったデンマークは、国際エネルギー機関(IEA)からエネルギー効率がとくに高い国という評価を受けています。

「エネルギーシフト」が、火力発電の電源をたんに自然エネルギーに変えるだけではないということは、デンマークの発電所の移り変わりを見ればよくわかります。一九八〇年代中ごろまでのデンマークの電源は、大型の火力発電所がいくつか点在するだけでした。しかし、地域をベースにした風力発電所やコジェネが広まり、小さい設備が無数に増える小規模分散型にシフトしたのです(図4)。

しかもこの間、エネルギー消費量を一九八〇年代のレベルにとどめながら、経済成長を実現させています。このことは、エネルギー効率の追求や自然エネルギーを推進することが、環境だけでなく経済にもいい影響を与えることをしめしています。日本では、大量の化石燃

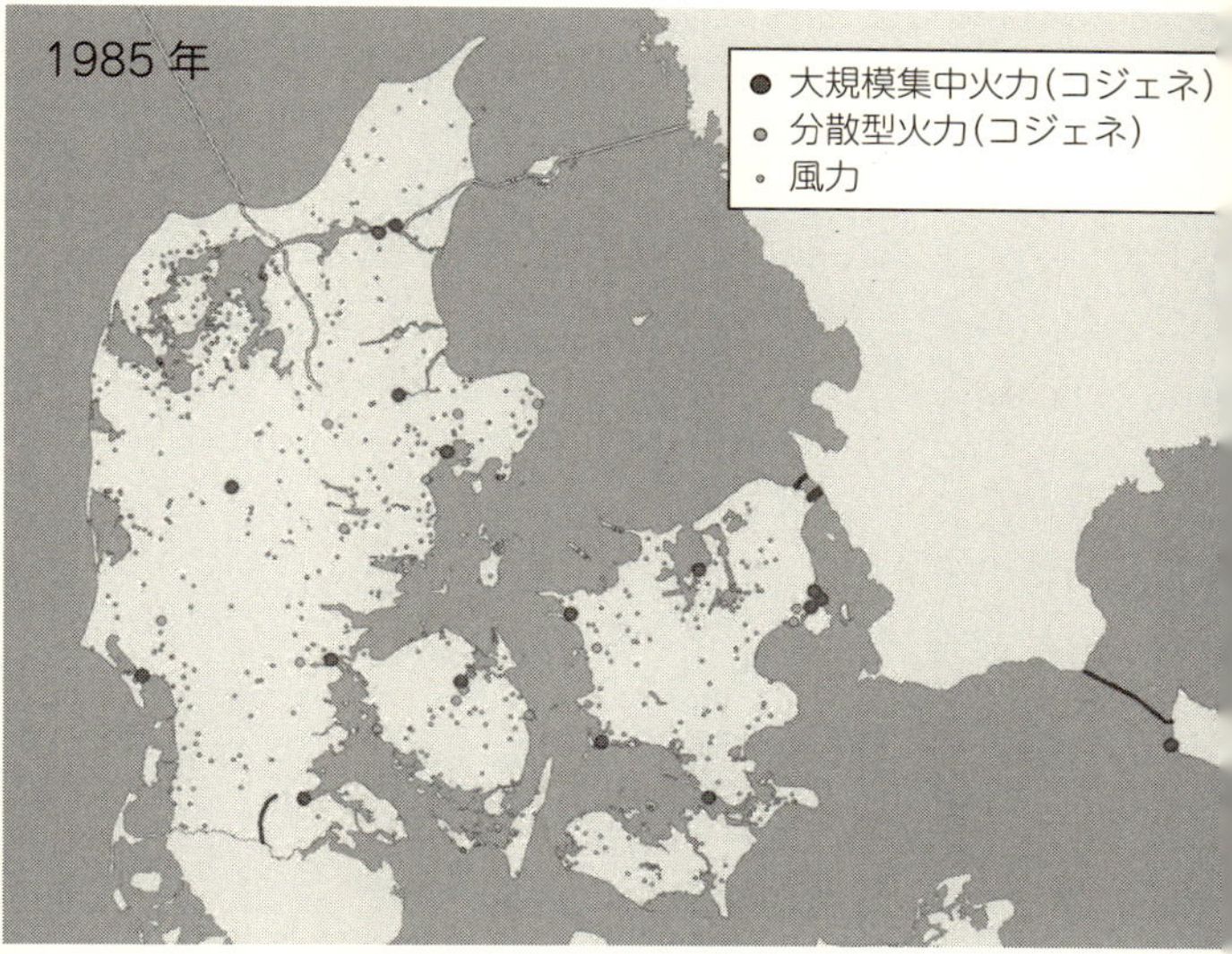

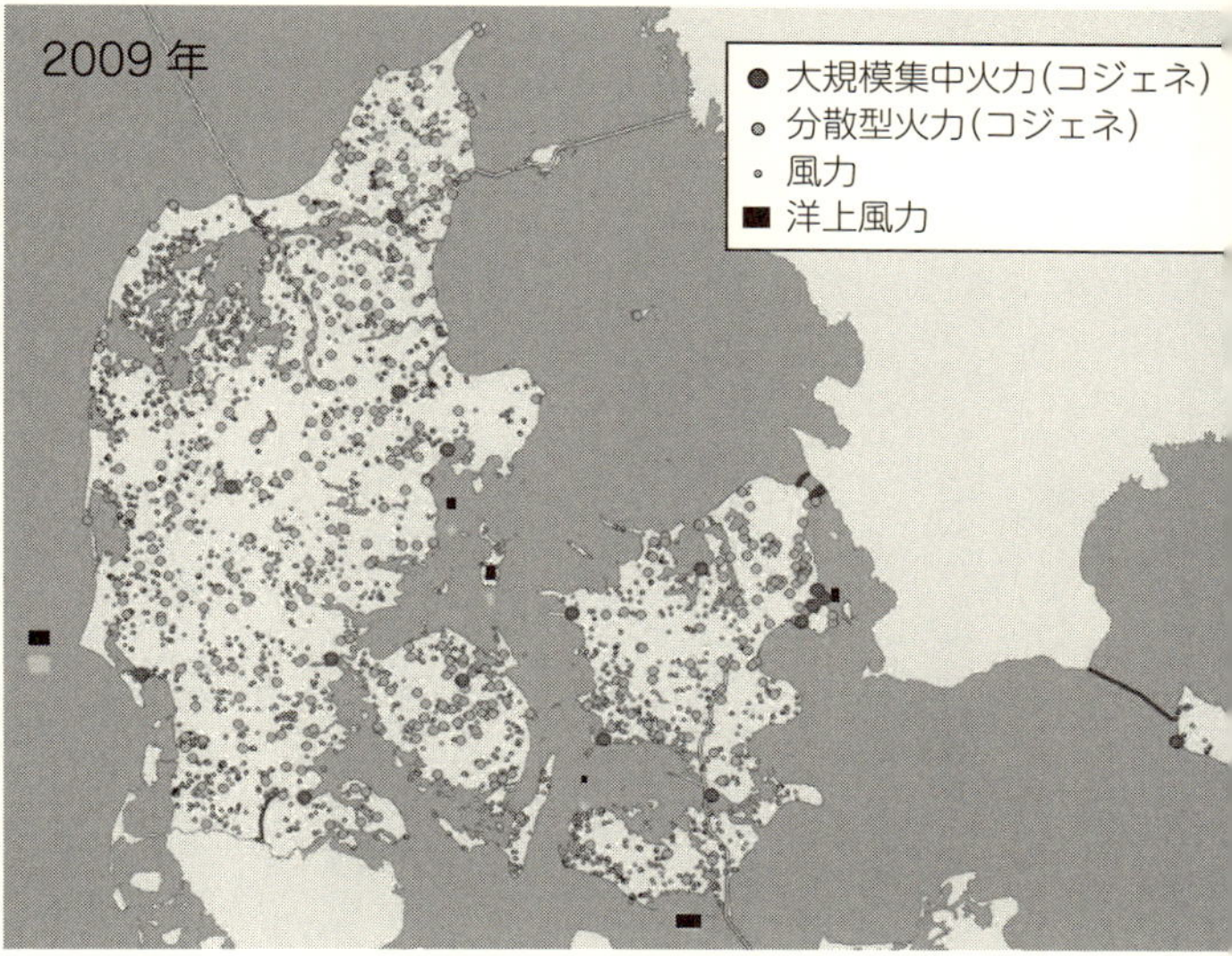

図4　デンマークの発電設備の地図。1985年(上)と2009年(下)とでは、大規模集中型が小規模分散型に変化したようすがわかる

料を外国から買って消費しつづけなければ貧しくなると信じている人がいまでも多いのですが、それは誤解です。

日本からすれば先進的なデンマークですが、現状に満足しているわけではありません。現在は、電力の一〇〇%を自然エネルギーにするだけでなく、二〇五〇年には車や飛行機の燃料も含めたすべてのエネルギーで、化石燃料から脱却するという野心的な目標をかかげています。

もちろんこれは世界初の挑戦で、道のりは険しいものとなるでしょう。しかしデンマーク政府は「高騰しつづける化石燃料に頼ることはできない」と宣言し、着々と計画を実行しています。その方針がいずれ、自国の経済や市民生活を助けることになると確信しているからです。

キーワードは「コミュニティパワー」

さて、沖縄の壊れた風車のことを思い返してみてください。同じ風力発電でも、デンマーク市民が参加してつくった風車とではだいぶちがうと思いませんか？　デンマークの風車は、みんなが貴重なお金を出しあってつくった風車なので、管理をまかされている人たちも緊張感をもって運営しています。簡単には壊れませんし、もし故障したとしてもすぐに発見してメンテナンスできるようになっています。

つまり、自然エネルギーを広げる際にもっとも大切なことは、設備が最新技術か、何ワット発電するかということではなく、地域の人たちが参加して、地域にとってメリットになる仕組みをつくることなのです。

欧米では、このように市民が参加して自然エネルギーを活用することを「コミュニティパワー」と呼んでいます(*)。日本語に直訳すると「地域の力」です。自然エネルギーと地域コミュニティとは、切り離すことができません。

ただ、一口に「コミュニティ」といってもさまざまな形があります。コペンハーゲンは人口五〇万人以上が暮らす都市ですが、サムソ島は四〇〇〇人が暮らす小さな島です。どのような規模であっても、自分たちに適したスタイルでメンバーの中で議論を重ね、地域のための行動につなげることが大事です。

ドイツや北欧の国々では、そうした小さなコミュニティパワーをベースにしながらエネルギーシフトをすすめてきました。ところが日本では、こうした国々と日本とのちがいを並べて、「ドイツや北欧は、国が自然エネルギーに熱心だからそれができる。日本では無理だ」と言う人がいます。本当でしょうか？　コミュニティパワーを活かしているのは、世界的に知られているドイツや北欧ばかりではありません。

＊世界風力エネルギー協会は、「コミュニティパワー三原則」を定めている(二〇一〇年)。その内容は、「地域社会の人々がプロジェクトをになっている」「意思決定が地域社会にもとづく団体によっておこなわれている」「社会的・経済的な利益が地域社会に分配される」というもので、このうち二つの条件を満たすことが必要とされる。

「化石燃料の国」で——オーストラリア

自然エネルギーでは有名ではない国でも、コミュニティパワーを実践している人たちがいます。オーストラリアではじめての市民風車をつくった「ヘップバーン・ウィンド」という協同組合です。

ヘップバーン・ウィンドの風車は二基あわせて四・一メガワット(四一〇〇キロワット)の

出力があり、付近の一八〇〇世帯の電力をすべてまかなってても余るので、その分を地域外に売電しています(本章扉写真)。さらに、収益の一部は地元の環境活動や自然エネルギープロジェクトに使われるなど、地域の活性化にも役立てられています。まさに、風車が地域のシンボルになっているのです。ちなみに市民風車というのは、文字どおり、市民が中心になってつくった風車のことをさしています。

オーストラリアは、石炭やウランなど化石燃料の資源が豊富で、日本などにも輸出しています。そのため自然エネルギーの導入には熱心ではありません。しかし、そんな国で市民風車をつくり、地域に根ざした形で運営しているヘップバーン・ウィンドは、世界的な評価を受けています(*)。

ヘップバーン・ウィンドは、二〇〇四年にこの場所に計画された大企業の風車建設に、地域の人々が反対運動をおこしたところからはじまります。企業の説明会に参加した住民の一人が、反対するだけではなく、もっと地域のためになるようなものができないかと提案したのです。

そこでデンマークと同様、協同組合をつくって風車を運営することになりました。最初の年は二〇人の組合員からはじまりましたが、現在では地域の人を中心に二〇〇〇人に増えています。当初、銀行からお金を借りることができなかったので、組合員みんなでお金を出しあいました。

お金以外にも、電力会社とのやりとり、まちがったうわさをもとにした誤解とのたたかい、技術的な課題など、さまざまな困難がありました。七年の時間をかけて課題を解決し、二〇一一年に風車は完成します。ヘップバーン・ウィンドのスタッフで、二〇代のころから活動に携わってきたタリン・レーンさんは、このように言います。

「完成まで長い時間がかかりましたが、それは本当の意味で、コミュニティのプロジェクトにするために必要なものでした。初めは反対だった人でも、ていねいな対話を通じて意義を理解してもらい、応援してくれるようになった人もいます。困難を克服することができたのは、目標をともにする大勢のボランティアが参加したからです」

タリンさん自身も、当初はボランティアとして関わった一人でした。

＊ヘップバーン・ウィンドの風車は、二〇一二年にドイツで実施された「コミュニティパワー世界会議」の大賞をはじめ、数々の賞を受賞している。また、この風車は国連が定めた「国際協同組合年」(二〇一二年)の記念切手のデザインにもなっている。

コミュニティで愛される「ゲイル」

風車には、親しみやすい「ゲイル」という女の子のイラストが描かれました。また、風車の周辺や地域の小学校では、子どもたちを招いてさまざまな楽しいイベントが開催されています。そのため、この風車は地域の人にとって単なる発電設備ではなく、みんなが集まる憩《いこ》いの場となっているのです。タリンさんたちは今後、風車の足下で、星空を眺めてキャンプをしたり、ライブ会場にしたり、国際会議をやろうといったアイデアも企画しています。ヘップバーン・ウィンドでは、こうしたイベントを活用しながら、さまざまな誤解や批判をされている風力発電のほんとうの可能性を知ってもらいたいと考えています。

「多くの人に行動をおこしてもらうためには、人々の胸に残るすてきな物語を届けていくことが欠かせません。この風車は単なる設備ではなく、ストーリーがあることを伝えていくのです。人々にこのプロジェクトを愛してもらうようになれば、コミュニティで目的を共有することができます。それぞれの地域には、限られた資源しかありませんが、地域の人々とともに学びあう姿勢や、きずなを深める努力をつづけることで、形にすることが可能なので

市民風車「ゲイル」に描かれた女の子のイラスト(提供: Hepburn Wind)

す」とタリンさんは言います。

ヘップバーン・ウィンドの風車はたった二基ですが、ここでの成功はオーストラリアの他の地域の人たちを刺激しました。いまではヘップバーン・ウィンドを参考に、それぞれがエネルギーの取り組みを広めています。

もちろん、すべてが順調にすすんでいるわけではありません。オーストラリアでは、二〇一三年九月の選挙で環境問題を軽視する政党が政権をとりました。新政権は、石炭の増産と炭素税の廃止を決めました。炭素税とは、石炭の環境負荷を考慮して、使用する人に税金を課す仕組みです。その廃止によって、化石燃料よりも風力発電の価格が割高になってしまいました。

ヘップバーン・ウィンドでは、風車を建てる時点でほとんどの国会議員が炭素税に賛成していたため、廃止される想定はしていませんでした。そのためビジネスの前提がくずれ、財政的にきびしくなってしまいました。

タリンさんたちは出資した人たちを集めて、政府の政策変更によってしばらくは財政がきびしいと伝えました。それを聞いた出資者の人たちは、収益が出なくても応援すると約束してくれたと言います。タリンさんは、「コミュニティの発電事業は、悪いことも含めてみんなでシェアしていくことが結束を強めることになる」と確信しました。

現在ヘップバーン・ウィンドでは、この状況を変えるためにビクトリア州に幅広い人たちが参加する風力連合という環境ネットワークをつくり、地域での教育や政府の政策を変える提言などをすすめています。いまはきびしい状況でも、地域の一人一人の声が、最終的には国を動かすと信じているからです。

政府の政策は、地域事業に大きな影響を与えます。でも、ドイツや北欧でもはじめから国が熱心だったために、エネルギーシフトが実現したわけではありません。デンマークで原発のことが議論された際、最終的に政府が脱原発を決断した背景には国民の強い意見がありました。そして、エネルギー協同組合や環境エネルギー事務所などの地域ベースの取り組みが、少しずつエネルギーの形を変えていったのです。

それぞれの地域でも、かならずしも環境意識やエネルギーに関心の高い人が多いわけではありませんでした。自分の村や島の未来をどうするか、しっかり議論して、よりよい地域を残そうと、一つ一つの行動をおこしていったのです。そうした小さな取り組みが他の村や町にも伝わり、国中に広がっていきました。政府が積極的に動いたのはその後です。多くの国民が賛同していると確信したことで、政策を変えやすくなりました。

日本政府は現在(二〇一四年一一月)、将来のエネルギーをどうするかについて明言《めいげん》していません。自然エネルギーの拡大についても、本気でやる気があるのかどうかさっぱりわかりません。でも、デンマークやオーストラリアの例でわかるように、政府が行動しなくても、ぼくたちにできることはあるのです。

日本にもある市民風車

ここで、日本に目を向けてみましょう。あまり知られてはいませんが、じつは3・11の震災前から地域で自然エネルギーを広めている人たちがいました。その一つが、北海道と東北地方を中心にすすめられてきた市民風車の取り組みです。

最初の市民風車は、デンマークのミドルグルンデン洋上風力発電所ができたのと同じ二〇〇一年に北海道に設置されました。規模は小さいですが、日本だって市民の力では負けていないのです。一基建てるにも数億円のお金とさまざまなスキルが必要となる風車を、一般の人々がどうやって建てたのでしょうか？

日本ではじめての市民風車をつくったグループの母体は、生活クラブ生協・北海道です。生協(生活協同組合)というのは、協同組合の一種で、安全、安心な食べ物を共同で購入して組合員が安く買うことのできるシステムをつくっています。そんな生協の一つである生活クラブは、地域ごとに独立して運営しています。

生活クラブ生協・北海道の有志メンバーは、食べ物だけでなくエネルギーも、原発からではなく自分たちで選びたいと考えます。きっかけは、一九八六年におきたチェルノブイリ原発事故でした。そして、一九九九年にNPO「北海道グリーンファンド」が設立されます。風車をつくるためには、NPOだけでなく事業をすすめる会社が必要です。そこで組合員からの寄付などを元手《もとで》に、風力発電事業を運営する株式会社「市民風力発電」を設立しました。

市民風車プロジェクトを立ち上げた当初は日本では前例がなく、相談したほとんどの相手から「そんなことはできるわけがない」と言われました。風車を建てるために集めたお金は一五年ほどかけて返済する予定でしたが、銀行は返してもらえる保証がないので、お金を貸してくれません。でも北海道グリーンファンドの人たちは、そこであきらめませんでした。お金を集めるアイデアを出しあい、市民出資というシステムを誕生させます。

市民出資とは、全国の一般の人に一口一〇万円や五〇万円の出資を広く募集して、それをもとに自然エネルギーの設備を設置するものです。一〇年や一五年などの期限を区切って、もとのお金に配当をつけて返却します(＊1)。

自然エネルギーを広めたい側は、銀行からお金を借りることができなくても設備をつくることができます。また、出資する側にとっては自分のお金が自然エネルギーを増やすことにつながり、長い目で見れば銀行に預けておくよりはお金が増えて返ってくるというメリットがあります。この方法は、一人一人から集める額が小さいので、事業としては効率的ではありませんが、一般の人がエネルギーをつくることに参加する窓口が広がったという意義は大きなものがあります。

北海道グリーンファンドが呼びかけた、日本で初めての市民出資は話題となります。募集をはじめてから三カ月で、なんと約一億四〇〇〇万円ものお金が集まりました。中心は生協の組合員でしたが、他にもエネルギーのために何かしたいけれど、どうしていいかわからないと考えていた人が大勢いたのです。そのお金をもとに、北海道浜頓別《はまとんべつ》町に日本初の市民風

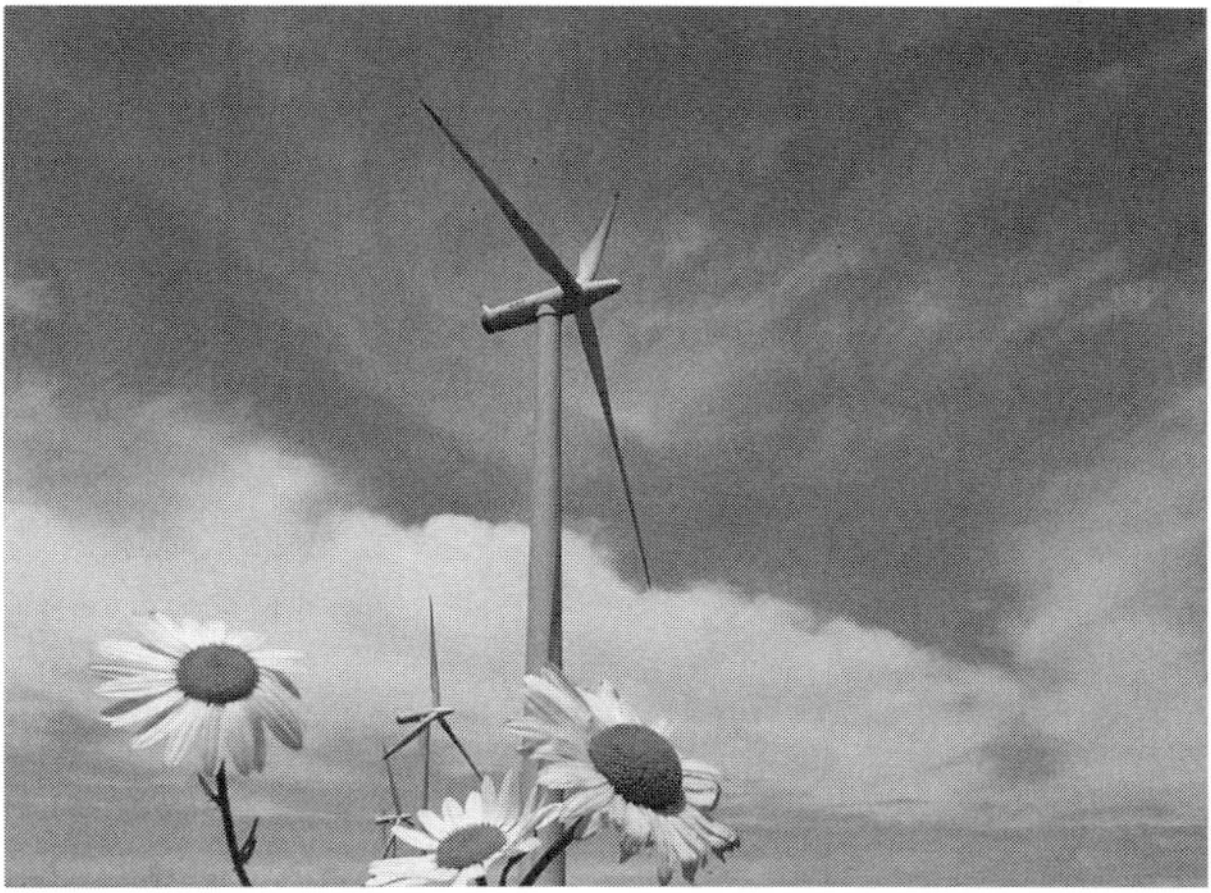

日本初の市民風車「はまかぜちゃん」(提供:北海道グリーンファンド)

車「はまかぜちゃん」が建ったのは、二〇〇一年九月のことでした。はまかぜちゃんという名前は、地元の小学生がつけたものです。

それから二〇一四年現在までに、秋田県や青森県、茨城県などに一二基の市民風車が建設されました(*2)。そのあいだ、市民出資をした人は約三八〇〇人に、集まった金額は約二三億円にのぼります。風車の総出力は一万七七七〇キロワットで、一般家庭約一万二〇〇〇世帯分の電力を発電しています(図5)。一人一人のお金は小さくても、集まることで大きな力を発揮したのです。市民風力発電はいま、北海道石狩市に新たな風車二基を設

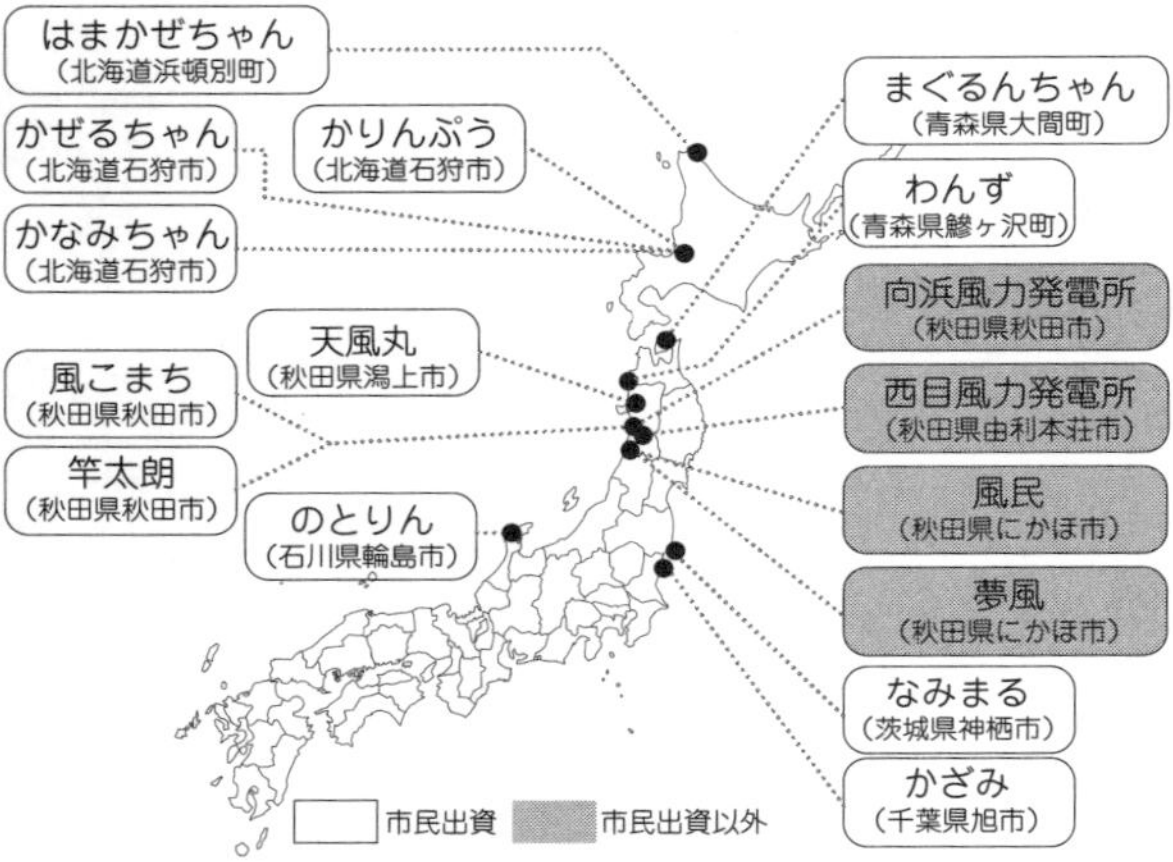

図5　市民風力発電では、12基の市民風車以外にも、企業や生協が単独で建てた風車も加えて16基の風車の建設をサポートしている(2014年11月現在時点。提供：北海道グリーンファンド)

置する準備をすすめています（＊3）。

市民風車は、一〇年以上にわたって保守・管理の経験を積みながら、順調に運営されてきました。それが実績となって、いまではお金を貸してくれる金融機関も以前よりずっと増えています。

日本の市民風車の取り組みは、生活クラブ生協というもともと別の目的で存在していた協同組合からはじまりました。風車のために協同組合を新しくつくったデンマークとは少しやり方がちがいます。でも、みんながエネルギーのためにお金を出し合い、未来を自分たちで選択していこうという意識は同じです。

知識も経験もまったくのゼロの状態から市民風車の取り組みをすすめてきた、北海道グリーンファンド理事長の鈴木亨《とおる》さんは、こう言います。

「食とエネルギーは生きるのに欠かせないライフラインです。でも食は選べてもエネルギーは選べない。私たちはそこに風穴を開けたいと思ってやってきました。私も含めて、当初は風車建設に関わったメンバーのほとんどがふつうのサラリーマン。その経験を通じて、やる前からあきらめてはいけないということを学びました」

鈴木さんは「風車をつくることを目標にしてきたわけではない」とも言っています。大切なことは、地域の未来をどうしていくのかということです。

北海道や東北地方には、使われていない風力エネルギーがまだまだ豊富にあります。現在は、電力会社の送電網の容量が足りないため、風車をつくるのに制限が設けられるという問題につきあたっているのです。しかし、環境省の調査では、北海道と東北の風力発電だけで、日本全体の電力をまかなうポテンシャルがあるとされています。

それなのに、住民は自分たちが使うエネルギーのほとんどを、高い費用を出して外から買って来ているのです。風力発電は、こうしたお金とエネルギーの悪循環を変える強力なツールになるはずです。鈴木さんたちの市民風車の取り組みは、日本でも市民によるエネルギーシフトの挑戦が可能であることをしめしたのです。

＊1　市民出資は、発電の状況によって収益が変わってくるので、かならずしも利益が出るわけではないが、北海道グリーンファンドがこの一三年間に関わったプロジェクトでは、予定通りの配当を出している。

＊2　はまかぜちゃんの出力は九九〇キロワット。市民風車に加え、企業や生協が出資してつくった風車を入れると二〇一四年一一月現在で、一六基。総出力は二万四九九〇キロワットになる。

＊3　北海道の石狩市厚田区に出力二〇〇〇キロワットの風車を二基設置する事業で、「市民風力発電」などを母体とした株式会社厚田市民風力発電が事業主となっている。二〇一四年三月に募集をはじめた市民出資は、予定通り約一億円を集めた。

「おひさまの町」を実現した

もう一つ、地域ぐるみで協力して太陽光発電を広めた「おひさまの町」を紹介します。長野県南部の飯田《いいだ》市は、全国でも日照時間や日射量が多く、太陽光発電に適した地域です。そうした好条件をベースに、二〇〇四年から飯田市を含めた南信州地域全体に自然エネルギーを広めるプロジェクトが実現しました。

その中心になったのが、「おひさま進歩エネルギー株式会社(以下、おひさま進歩)」です。この会社はただソーラーパネルを設置するのではなく、地域の自然エネルギーを地域のメリットにするために誕生した会社です。

市民出資で集めたお金により、公民館などの公共施設や民間企業のオフィス、一般の住宅などに太陽光発電設備を設置します。そこで得た売電収入で市民出資を返済し、その一部を収入にしています。屋根に取り付けることがほとんどなので、設置する一つ一つの設備は小さいのですが、一〇年間コツコツとすすめてきたことで、太陽光発電設備は合計で三三五カ所、総出力は約四〇〇〇キロワットにまで増えました(*1)(二〇一四年九月現在)。

おひさま進歩は、地域に太陽光発電をどのように広げたのでしょうか？　おひさま進歩は、自治体や事業者、金融機関、エネルギーの専門家、そして地域の人たちなど、それまでバラバラに動いていた立場の異なる組織や地域の人々を結びつけるコーディネーターの役割を果たしました。この取り組みは、地域でエネルギーとお金をまわす仕組みを日本で初めてつくったという意味で、画期的なものになりました。

たとえば、ソーラーパネルの設置工事はおひさま進歩が手がけるのではなく、地域の事業者にお願いするので、地域の仕事を増やすことにつながります。また、そこで使うお金の一部は地域の金融機関から調達したものです。地域の金融機関は、大手の都市銀行とちがって、地域の人のお金を預かっているので、地域に貢献する事業にお金を使いたいと考えています。この事業によって、お金が地域のエネルギー自給率を増やし、地域の雇用を増やす活動に使われるというのは、金融機関にとってもメリットがあるのです。

そして公共施設の屋根を貸し出した飯田市にも、メリットがありました。お金をかけずに、環境への取り組みがすすんだからです。飯田市はもともと環境への取り組みに熱心で、独自に省エネや太陽熱温水器の普及などをすすめていました。

おひさま進歩が立ち上がるきっかけも、飯田市が環境省が募集した補助事業に応募したところからはじまっています。そうした経緯もあり、市はおひさま進歩の動きをさまざまな形でサポートしました。それによって、おひさま進歩が地域の人の協力を得たり、資金を集めたりする際に信用が得やすくなったのです。

そうはいっても、このプロジェクトに市は一部を除いてお金を出していません(＊2)。ふつう、自治体が自然エネルギーを広めようとする場合、自治体や国のお金で風車を建てたり、

ソーラーパネルを設置した飯田市の鼎《かなえ》みつば保育園（提供：おひさま進歩エネルギー）

市民がソーラーパネルをつけるときに補助金を出すというやり方が一般的です。でも、そのお金は市民の税金なので、その年の予算がなくなるとそこで終わりになってしまいます。

飯田市ではどういうことをしたのでしょうか？　たとえば二〇〇四年当時は、全国でも例のなかった二〇年という長期間にわたり、市が所有している公共施設の屋根を無料で貸し出すことを決めました。公共施設は市の持ちものですが、屋根が空いているからといってソーラーパネルを自由に設置できるわけではありません。公民館とか市役所といった建物には、そもそもの役割があり、屋根にソーラーパネルをつけるなどということは想定されてきませんでした。つまり建物の「目的外使用」ということになり、通常は許可が下りにくいのです。

また、設備は一度設置すると二〇年程度は動かしつづけるのですが、自治体の予算は一年単位で動いているので、屋根を長期間貸し出すことには抵抗がありました。行政というのは、そうした前例がなかったり、想定外のことを決めるのがとても難しい組織です。しかも部署は縦割りで、連携《れんけい》がありません。

たとえばエネルギーの担当者だけが熱心でも、建物を担当する部署が反対して前にすすまないこともあります。それでも、飯田市は牧野光朗《みつお》市長の積極的な後押しもあって、全国でも例のない屋根貸しを決定しました。

さらに飯田市は、二〇一三年四月から自然エネルギー利用に関わる「地域環境権条例」を施行《しこう》します。条例というのは、地方自治体がつくる法律のことです。この条例では、たんに形だけ自然エネルギーを増やすのではなく、地域の環境を守り、地域社会にメリットをもたらすことを第一の目的と定めました。

この条例により、いままでは公共施設の屋根を地域のエネルギープロジェクトに貸し出すことは、目的外ではなく、目的にかなった利用の仕方という認識に変わったのです。

このように飯田市では、地域の市民と行政が協力しあって、地元でお金を回し、エネルギーを生み、循環させるという仕組みを時間をかけて築いてきました（図6）。いち早くコミュニティパワーを実践したこの飯田の取り組みは、各地で立ち上がったご当地電力のモデルにもなっています。

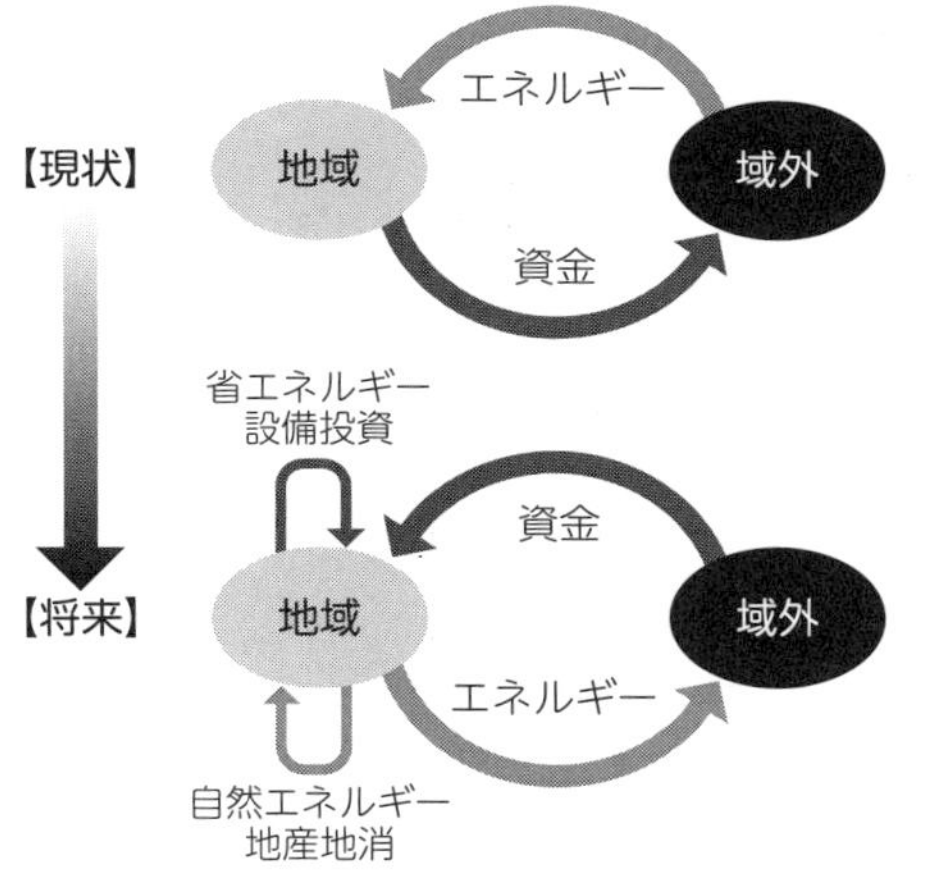

図6　地域のエネルギー事業では、地域の外からエネルギーを購入しているが、将来は地域内でエネルギーをつくることでお金を循環させ、地域を豊かにすることをめざす

　とはいっても、仕組みをつくるだけではうまく回りません。地域ぐるみの活動にしていくためには、サムソ島のソーレンさんのような、地域で信頼される人物が中心にいる必要がありました。飯田では、おひさま進歩の社長となった原亮弘《あきひろ》さんがその役割をになっていました。飯田で生まれ育った原さんは、地域の公民館活動（＊3）などでつちかった幅広いネットワークを持っていました。この事業を立ち上げたときは、うまくい

くかどうかまったくわかりませんでしたが、「彼が言うなら信頼してみよう」と考えた人たちが応援をしてくれました。

なお飯田市周辺では、明治時代にもエネルギーを自給していたという歴史があります。第1章で紹介したような協同組合を、地元の人たちが出資して立ち上げ、小水力発電を運営していたのです。過去に自分たちでエネルギーをつくっていた地域が、いままたエネルギーの自立をめざしているというのは、とてもおもしろいことです。地域の力というのは、こういうところで試されるのではないでしょうか。

地域の協力についてくりかえし言ってきましたが、地域の中の人たちだけで活動していては人材や知識が限られてしまいます。地域の外の人たちとどのように協力していくのかという視点もとても大切です。たとえば、北海道の市民風車と飯田市の取り組みには、いずれも自然エネルギーを専門とするNPO法人、環境エネルギー政策研究所(ISEP)が深く関わっています。このNPOは、この本に登場するほとんどのご当地電力とも協力していて、ちょうどデンマークの環境エネルギー事務所のような役割を果たしてきました。デンマークでは、協同組合と環境エネルギー事務所というコンビでエネルギーシフトをすすめましたが、日本では北海道や飯田の人たちとISEPというコンビが、コミュニティパワーを実現したのです。

北海道や飯田市のような例は、3・11の震災前まではごく一部の人たちのあいだでしか知られていませんでした。でも、震災を機に大きく流れが変わりました。では次に、震災後の変化を象徴する福島県でおきている動きを見てみましょう。

＊1　おひさま進歩エネルギーでは、太陽光発電だけでなく、民間企業や一般家庭を対象に、省エネのアドバイスをつづけている。

＊2　飯田市は、おひさま進歩エネルギーが二〇〇九年から実施した、初期費用ゼロで一般家庭が太陽光発電設備を設置できる「おひさま〇円システム」には、一部補助金も出している。

＊3　飯田市では、地域の公民館で学習会などを積極的におこなってきた。伝統的に、公民館が地域活動の拠点となってきたという経緯がある。

第4章

福島が変わった

会津電力の佐藤彌右衛門社長と、出力約1000キロワットの雄国発電所。雪が降っても傾斜が急なので、滑り落ちる設計になっている

原発事故で変わった福島県

二〇一四年一月、福島県で「コミュニティパワー国際会議」(*1)が開催されました。会議では、国内外から集まった自然エネルギーの専門家が、三日間にわたって議論を重ねました。会議の目的の一つは、原発事故の被害を受けた福島県から、自然エネルギーによるプロジェクトを発信していこうというものでした。また、市民一人一人がエネルギーを手がけるご当地電力をもっと広めていこうという狙いもありました。会議の初日、福島県南相馬《みなみそうま》市の中学三年生、天尾《あまお》水樹《みずき》さんは、世界中からやってきたゲストを前に語りました。

「私は、3・11の震災がおきたとき小学六年生でした。あと数日で卒業し、みんなで同じ中学校に通う予定でした。しかし、原発が爆発し、友だちはバラバラになり、いまは家に帰ることもできません。私は、こんな悲しい思いをする子どもたちを減らしたいと思っています」

水樹さんたちの暮らす福島県沿岸部の南相馬市の一部は、事故をおこした福島第一原発から二〇キロ圏内に含まれています。現在その地域は放射能の影響が強く人が住めないため、市内だけで一万人をこえる人々が避難生活をつづけています（二〇一四年一一月現在）。その地域では、放射能のせいで復興《ふっこう》どころか、震災があった日のままの状態で放置されている場所も少なくありません。水樹さんの友だちの中には、県内のほかの地域や県外に移住した人がたくさんいました。

　事故をおこした原発からは現在も放射能漏《も》れがつづいていて、何かのきっかけで事態がさらに悪化する可能性もあります。汚染水の処理や放射能の除染《じょせん》にも取り組んではいるものの、トラブルがあいつぎ、いつ収束《しゅうそく》するかわからないような状況です。国の試算では、もっとも順調に作業がすすんだとしても、あと四〇年はかかると言われています。

国際会議でスピーチする天尾水樹さん

　原発にはこのようなたいへんな危険性があるのですが、事故がおきるまで、水樹さんたち地元の子どもには、そうしたリスクがいっさい知らされていませんでした。それどころか、原発は安全で、発電するときに地球温暖化の原因となる二酸化炭素を出さないため「地球にやさしいエネルギー」だと教えられていたのです。その認識は大人たちも同じでした。政府や電力会社、マスメディアが何十年にもわたって、くりかえしそう説明してきたからです。

しかし、事故によってその説明の多くがまちがいだったことがわかります。一〇基の原発が集中している福島県は、事故前まで原発関連の交付金を国から受け取っていました。しかし今回の大事故を受けて、県は大きな方針転換をおこないます。

これからは原発に頼らず、自然エネルギーを増やして地域を盛り上げようという「脱原発宣言」(＊2)をおこなったのです。これは福島県以外ではあまり注目されませんでしたが、原発のある自治体が「脱原発宣言」をするのは日本で初めてのことでした。このことは、事故の衝撃がそれほど大きかったということをしめしています。

＊1　環境エネルギー政策研究所(ＩＳＥＰ)が主催して、二〇一二年から毎年開催されている国際会議。二〇一四年は、一月三一日から二月二日にかけて福島県で開催。国内外からのべ六五〇名が参加した。

＊2　二〇一一年七月に、福島県は脱原発を基本理念とした「復興ビジョン」を掲げた。また二〇一二年一二月には、二〇四〇年までに自然エネルギー導入率を一〇〇％にすることを目標に決めている。

自然エネルギーなんて役に立たない？

日本ではこれまで、自然エネルギーなんて「お天気まかせで不安定」「おもちゃみたいなもの」というイメージで語られてきました。そのため、福島県のこうした宣言に対しても「そんなことは実現できない」と、冷ややかに反応する人たちもいました。

実際、日本の消費電力全体からすると、自然エネルギーでまかなっている割合は、二〇一一年では一・四％(＊1)。国の制度が変わって太陽光発電などの設備の導入がすすんだ二〇一三年時点でも、二％程度にすぎません。これでは、原子力発電や火力発電にはかなわないと思われても、仕方ないかもしれません。

でも、ちょっと待ってください。世界全体の設備容量、つまりどれくらい発電できるかという設備の大きさでは、すでに自然エネルギーは原発を大きく上まわっています(＊2)。ドイツやデンマークのように、すでに三〇％をこえ、いずれは一〇〇％をめざすと宣言する国もあらわれました。世界レベルでは、この数年で原発は下火となり、自然エネルギーが伸びているのです。

日本とそのような国々とのちがいは何でしょうか？　日本よりも自然エネルギーの資源が豊富なのでしょうか？　ちがいます。逆に、日本の方がはるかに多くの自然エネルギー資源があるのです。たとえば、ドイツでは太陽光発電がさかんですが、ドイツで太陽エネルギー利用の先進地と言われているフライブルクの年間の日照時間（太陽がふりそそぐ時間）は、日本で言えば北海道の札幌市よりも少ないのです。ちなみに、日本の市町村別の日照時間では札幌市の順位は六三三位です。これは、日本全体ではドイツよりはるかに多くの太陽光発電ができるということをしめしています。日本は、ドイツに比べて自然エネルギー資源が九倍もあります。それなのに、ドイツの九分の一しか活用できていません。

日本は、ドイツや北欧の人たちがうらやましがるほど、自然エネルギーの資源に恵まれた地域です。だからドイツや北欧で自然エネルギーに取り組む人たちは、いつもこんな疑問を口にします。「日本はやればできるのに、言いわけばかりしてなぜやらないの？」と。

日本とこうした国との一番のちがいは、自然エネルギーを活かそうとする意欲です。これまで、エネルギーシステムは国と大きな電力会社が相談して決めてきました。それによって法律を整え、予算を使い、設備をつくってきたのです。そのようにしてつくられた現在のエネルギーシステムのもとで、利益を得る人がたくさんいます。その人たちは、システムを変えられたら困るので、「原子力は日本に必要だ」「自然エネルギーなんて役に立たない」という情報をメディアを通じてくりかえし流してきました。

また、従来のエネルギーシステムは、原子力や火力発電のような大規模な設備でした。一方で自然エネルギーは、一般の家庭や地域など小規模でも運営できるものです。大規模なシステムですすめたい人たちにとっては、小規模なものを組みこむのはやっかいだという理由もありました。

一見すると、大規模なほうが効率的に見えるかもしれません。でも、大きなものに一極集中することは、災害などがあったときに大混乱を生みます。また依存することが、個人や地域の生きる力を奪うことにもつながります。

自然エネルギーを広める意志があれば、広まりやすいよう法律を整え、予算をつけて、無駄な規制を減らしていくことができます。でも、日本は原子力をエネルギー政策の中心にして大きな予算を確保する一方、自然エネルギーについては広める努力をしてきませんでした。だから、いまの数字だけを見て「自然エネルギーはダメだ」と考える必要はありません。逆に言えばまだ何もやっていないのだから、これから広がる可能性はいくらでもあるのです。

＊1　大規模なダム式の水力を除いた数字。ダム式の水力発電を入れれば、電力を自給している割合は約一〇％になる。

＊2　REN21（二一世紀のための自然エネルギー政策ネットワーク）の二〇一四年の報告書によると、二〇一三年の世界の新たに設置された発電設備のうち、五六％が自然エネルギーであり、自然エネルギー産業の雇用が全世界で六五〇万人になったことを伝えている。

オーストラリアを訪れた南相馬の中学生

二〇一三年の春、南相馬市の中学生一二人が、オーストラリアで環境の取り組みを学ぶホームステイプログラムに参加しました（＊）。中学生の中には、国際会議でスピーチをした天尾水樹さんもいました。水樹さんたちは、タリン・レーンさんの案内でヘップバーン・ウィンドの風車（第3章）を訪れました。水樹さんはそれまで、メディアの報道などから風車に対してネガティブなイメージを持っていたと言います。

「私は、風車は音がうるさい、発電にムラがあって不安定、そして発電量が少ないと考えていました」

しかし、風車の中に入って見学したり、地域の人たちの憩いの場所になっている事実を知って、その考えが誤っていたことに気づきます。

「風車がある丘の上は風が強くて、立っているのがやっとでした。私は、地域の人々が協力してつくりあげたこの風車が、地域のシンボルになっていると感じました。私の故郷の福島には、たくさんの自然があります。いまではその自然を活かしたエネルギーを有効に活用することができたらいいと思っています」

他にも、有機農業やゴミ問題への対応など、オーストラリアの持続可能な社会に取り組む人たちの活動に触れた子どもたちは、今回学んだことを福島の人たちに伝えて、復興につなげたいと感じました。

そのプログラムからおよそ一年後、こんどはタリンさんがコミュニティパワー国際会議in福島に参加するため南相馬を訪れました。水樹さんたちと喜びの再開を果したタリンさんは、このようにコメントしました。

「福島原発で使われていたウランは、オーストラリアで採掘《さいくつ》されたものでした。だから、

タリン・レーンさんと再会したオーストラリア訪問メンバー

福島でおきたことに、私自身も責任を感じています。オーストラリアを訪問した中学生のみなさんからは、福島の未来をよりよいものにしていきたいという強い熱意を感じました。私たちの風車の取り組みを通して、未来の地域は自分たちでつくることができるのだと実感した彼らが、今回の会議で『地域の未来に自分たちの声を反映させていきたい』と語るその姿に、胸が熱くなりました。これからもみなさんとつながって、応援していきたいと思っています」

高校生になった水樹さんはいま、オーストラリアでの経験を活かして、福島で自然エネルギーを広めたいと考えています。

＊国際NGOピースボートが主催した「福島子ども

プロジェクトinオーストラリア」。二〇一三年三~四月の一〇日間、メルボルン周辺で実施された。

図7　福島各地のご当地電力

福島で動きはじめたご当地電力

福島県内で立ち上がったご当地電力を見ていきましょう。福島県は、自然エネルギーの資源が豊富にあります。自然エネルギーにはさまざまな種類がありますが、そのほとんどを活用できるのです。そのような県は、全国でもあまりありません。太陽光は朝から夕方までしか使えませんが、風力は太陽が照らないときも使えます。また、水力や地熱、バイオマスなどは一年間安定して動かすことができます。二〇一四年現在は福島県の自然エネルギーによる自給率は一〇%程度ですが、いろいろな種類をバランスよく組み合わせて使えば、一〇〇%供給することも十分に可能です。

なお、福島県は日本の四八都道府県の中で三番目に大きく、地理的、歴史的な理由から大きく三つのエリアに区分けされています。福島原発のある海岸沿いの地域は「浜通り」、福島市などのある中間の地域は「中通り」、そして県の西側の山間部は「会津」と呼ばれ、ご当地電力の活動はどの地域にも誕生しています(図7)。

ソーラーシェアリングで農地を活かす――南相馬

水樹さんたちが暮らす南相馬市では、「一般社団法人えこえね南相馬研究機構(以下、えこえね南相馬)」が熱心に行動しています。原発に近い南相馬では、放射能の影響を減らすための除染作業がつづけられてきました。えこえね南相馬のメンバーも積極的に除染活動に取り組んできましたが、事故から三年半以上がたった現在も、予定の半分も終了していません。

また、住宅地を除染しても山の木々についた放射能が新たに降ってくるため、線量を下げるのは簡単ではないのです。そして、たとえ線量が少し下がったとしても、人が住みつづけたいと思うような魅力ある町にしていかなければ、地域から人が出ていくことには歯止めがかかりません。そのことをもっとも感じているのは、南相馬の人自身です。

「故郷の未来のために何かしなければ」と考えたえこえね南相馬のメンバーは、自然エネルギーを使った町づくりを通して、活気を取り戻そうとしています。このグループの中心的な事業は、ソーラーシェアリングという新しい取り組みです。ソーラーシェアリングとは、農地をつぶしてソーラーパネルを並べるのではなく、作物を育てながら、農地の上にソーラーパネルを並べる設置方法です。うまく活用すれば、収穫物による収入と売電収入の両方を手にできるので、農家の収入増や持続可能な農業につながるとされています(＊)。

農地にパネルをかぶせたら、日がささなくて作物が育たない、と思うかもしれません。しかし、作物によっては日当りがよすぎると成長が悪くなる種類もあるのです。そこで日ざしの量をコントロールしながら、農業と発電の両立をめざしています。

えこえね南相馬のメンバーには、代々《だいだい》受け継いできた土地でつづけてきた農業をなんとかよみがえらせたいという思いがありました。そこでまず、モデル事業として「再エネの里」と名づけた農場にパネルを設置、作物の成長具合や発電量などを調査しています(二〇一三年九月開始)。

通常より細長いパネルをすきまをあけて並べた設備の発電量は、合計で約三〇キロワット。

畑の上にパネルを並べるソーラーシェアリング（提供：えこえね南相馬）

農地には、日射量がそれほど多くなくても栽培可能なナタネとブルーベリーを植えました。えこえね南相馬で専務理事をつとめる箱崎亮三《はこざきりょうぞう》さんは、農地でソーラーを実践する理由をこう語ります。

「もともと農家の収入はきびしかったのですが、土が放射能で汚れてしまったこの土地で、農業だけをやるのはリスクが高いのです。かといって何年も放っておいたら農家があきらめて、二度と農業に戻らなくなってしまいます。そのあいだに土も死んでしまう。そこで発電設備を入れて収入を確保し、同時に土の除染もすすめていきたいと考えています」

ソーラーシェアリングは新しい取り組み

なので、農地を管轄する農林水産省の許可が下りにくかったりなど、スムーズにすすんでいるわけではありません。しかし、まずは許可を得やすいエリアからはじめて、徐々に広げる計画を立てています。放射能で汚染されてしまった地域で農業に取り組むというのは、世界でも例のないことです。何ができるのか、どんな可能性があるかという実験をくりかえすだけでも、大変な労力がかかります。そんな中このプロジェクトに挑む人々は、この地域を次世代に渡すためにけんめいな行動をつづけています。

＊参考までに、農地一反(一〇〇〇平方メートル)あたりの農作物収入から経費を引いた所得は平均で、モモ七二万円、キュウリ一四二万円とされている(岡山県のデータより)。そのスペースに四〇キロワット分のソーラーシェアリングをした場合、売電収入から経費を引いた収入は五七万円程度。もちろん日照時間などの条件にもよるが、作物は毎日手がかかるのに、売電はほとんどメンテナンスがいらないことからも、十分農家のメリットになると考えられている。

手作り発電所をつくるボランティアツアー――いわき

福島県で最大の面積を持つ南部のいわき市でも、ユニークな地域づくりがはじまっています。「いわきおてんとSUN企業組合(以下、おてんとSUN)」は、震災直後からいわきに避難してきた被災者の支援をしていた、三つのNPOが協力してつくった団体です。

いわきでも、放射能の影響により耕作放棄地が増え、農業が成り立たなくなっていました。また観光客が激減して、観光業も打撃を受けました。おてんとSUNに関わる人たちは、一時的な支援だけでなく、危機におちいった地域の将来を何とかしたいと感じて、この団体を立ち上げました。

まず農業では、食用ではない生産物を育てて農業者を支えようと考えます。オーガニックコットンを育てて、Tシャツやタオルづくりなどを通して新たな産業をおこそうというものです。手作業が多いオーガニックコットンづくりは、大変な手間がかかります。でも実は、その大変さがポイントになっています。

地元の農家の人たちだけでは手が足りないので、地域外からボランティアを呼びます。また、いわきに避難している人たちにも呼びかけ、いっしょに作業をしてもらいます。地元の人、避難者、首都圏からの支援者は、それぞれ背景も立場もちがい、見えない壁もあります。その人たちが協力してコットンづくりをすることで、顔の見える関係性ができ、新しいコミュニティができていくのです。

エネルギーについても同様で、手作りにこだわってきました。小規模分散型の太陽光発電設備を、地元の人とボランティアが手作業でつくります。こうしてつくったコミュニティ発電所は、四カ所で合計出力がおよそ三〇〇キロワットにまで増えました。売電収入は地域の活動に使われています。しかし、おてんとSUNの理事である島村守彦さんは、単に電気を売って収益をあげるためにやっているわけではないと語ります。

「私たちの目的の一つは、こうした作業を通じて、訪れたボランティアの方に地域への愛着を感じてほしいということです。また、いままでの生活スタイルを見直すきっかけになったらいいということもあります。これまでの

子どもたちにソーラーパネルのつくり方を教えるワークショップ(提供:いわきおてんとSUN企業組合)

ように外から送られてくるエネルギーに依存しきった生活スタイルを、この福島から変えなければいけません。いろいろな挑戦をして、その可能性をしめしていきたいですね」

島村さん自身は、いわきの出身ではありません。兵庫県でサラリーマンをしていたときに出張で訪れた縁《えん》で、豊かな自然と温かい人たちの暮らすいわきに移住してきました。その後、ログハウスを建てて自然学校の運営などにたずさわってきました。

「偶然ですが、ぼくは阪神大震災と東日本大震災という大きな震災を二度とも経験しています。その経験を活かして、お世話になったいわきの人たちに恩返しをできたらいいと思いますね」と島村さんは言います。

オーガニックコットンづくりや、手作り太陽光発電に関わりながら、復興支援を手伝うボランティアツアーは人気となり、いまでは年間に七〇〇〇人以上が参加するようになっています。ツアーに参加した人たちは、自分が栽培したコットンや、手作りした発電所のその後のようすが気になり、多くがリピーターになっています。震災から三年以上がたち、被災地への注目が薄れ、補助金も減っている現在、こうしたプロジェクトがますます重要になってきていることは確かです。

エネルギーの植民地から自立する——会津

南相馬といわきのエネルギーの取り組みは、被災した地域をどう活性化させていくかという点に重きが置かれています。一方、福島県の中でもいち早くエネルギー事業をやろうと決めた会津地方では、本気で福島全体の電力をまかなおうという壮大なプロジェクトがはじまっています。

「私たちがめざすのは、自分たちの手にエネルギーを取り戻し、東京と福島、中央と地方との関係を、新しくつくり直すことです」。二〇一三年一〇月、「会津電力株式会社(AiPOWER)」の設立記者会見で、社長に就任した佐藤彌右衛門《やうえもん》さん(本章扉写真)がそう宣言しました。

会津地方では、津波や地震の被害はほとんどありませんでした。また、放射能汚染も福島のほかの地域にくらべれば低い値にとどまりました。そこで被害の少なかった会津だからこそ、これからの福島のために、ポジティブな行動をおこさなければいけないと考えた人たちが、集まるようになります。

そして、地域の自立のために何ができるのかをテーマに、二年間にわたって議論を重ねました。その結果として設立されたのが、「一般社団法人会津自然エネルギー機構」です。機構は、市民への教育やイベントを開催するなど、一般の人たちに活動を広める役割をになっています。

会津自然エネルギー機構代表の五十嵐乃里枝《いがらしのりえ》さんは、原発事故の後、若い女性たちが「私たちは福島の人としか結婚できない」とか「子どもは産めない」といったことを口にするのを聞き、「こんな状態の地域を、そのまま次の世代に引き継ぐわけにはいかない」と思い、行動をおこしたと言います。そして、放射能を漠然《ばくぜん》と怖がるのではなく、原発やエネルギーについて若い人や母親にも向き合ってもらいたいと考えました。

「エネルギーの話は難しいと敬遠されがちですが、ふつうのお母さんたちや若い人が共感できる場をたくさんつくっていきたいですね。そのための場が会津自然エネルギー機構です」

その想いは、会津自然エネルギー機構設立の際に五十嵐さんが読みあげた宣言文にも、しっかりと込められました。

「原発事故から福島が再生するためには、傷をなかったことにするのでもなく、また傷に絶望することでもなく、傷に正面から向き合って乗り越えていくことにほかなりません。次代を生きる子どもたちに、社会は自分たちの手で変えることができるという実感とともに、この地域を手渡していくことが、いま福島に生きる私たち大人の責務なのではないでしょうか」

その会津自然エネルギー機構を母体にして、発電事業をすすめるためにできた会社が会津電力です。社長の佐藤彌右衛門さんは、会津地方の喜多《きた》方《かた》市で江戸時代からつづく造り酒屋「大和川《やまとがわ》酒造店」の九代目当主です。なぜ、酒屋の社長が電力会社を立ち上げたのでしょう

会津自然エネルギー機構の五十嵐乃里枝さん

会津電力のシンボルマーク

か？　お酒づくりに必要なのは、よい水とお米です。

会津には名水が流れ、大和川酒造はその水を使った米も自ら栽培していました。素材にこだわってつくったお酒は、全国の品評会などで高い評価を受けつづけています。会津は雪が深い地域ですが、昔からここに暮らす人々は孤立しても生きていくことができました。その理由は、地域内で水と食料を自給できたからです。そのため彌右衛門さんは、「きれいな水と食料さえあれば、地域は自立してやっていける」と信じていました。でも、その価値観は原発事故でひっくり返ります。

彌右衛門さんはそれまで、地域に雇用を生む原発は必要悪だと考えていました。ところが、安全だと聞かされてきた原発がおこしたたった一度の事故で、水やお米、豊かな自然が汚染される事態になってしまったのです。彌右衛門さんは、これまで二〇〇年以上つづいてきた酒づくりが、自分の代で終わりになってしまうかもしれないと危機感をいだきました。特に心を痛めたのは、原発に近い飯舘村《いいたてむら》のことでした。大和川酒造では三〇年前から、村と協力して飯舘のお米を使った酒づくりを手がけていました。しかし、村は全村避難地域に指定され、お酒もつくれなくなってしまったのです。

彌右衛門さんは、人類がコントロールできない原発に依存するような社会を、根本的に変

大和川酒造の酒蔵「北方風土館」。酒蔵の見学ができるだけでなく、イベントホールも併設

えなければいけないと痛感しました。そこでさっそく、自分の会社の酒蔵《さかぐら》の屋根にソーラーパネルを設置し、酒づくりの電力の一部をまかなうことにしました。近い将来、仕事で使うすべての電気をまかなう設備を設置しようと計画しています。さらに自分の会社だけではなく、地域レベルでエネルギー問題に取り組んでいくために仲間たちとともに会津電力を設立します。

福島県には水力発電を中心に、消費電力を大幅に上まわる豊かな自然エネルギー資源があります。しかし、その福島には危険な原発が一〇基も並び、電力はすべて東京に送られていました。彌右衛門さんは、その東京と福島との関係を「エネルギーの植民地」だと考

会津の水と米を使ってつくられてきた弥右衛門酒

えています。そしてその構造を変えるために、地域の手にエネルギーを取り戻し、自立をめざそうと訴えたのです。

大和川酒造のある喜多方市は、四〇〇〇をこえる蔵が並ぶ「蔵の町」として有名な観光地です。時代の変化によって次々と取り壊されていた蔵を、莫大な費用をかけて保存したのは、彌右衛門さんのお父さんでした。当時は「そんな時代遅れのものに金をかけて……」と周囲からバカにされたそうです。しかし、その蔵がいまでは町の誇りになっています。

彌右衛門さんも、地域の将来を考えて会津電力を立ち上げました。「商売よりも地域のために役立つことを」という志は、親から子へ受け継がれているのかもしれません。

福島の全電力をまかなう構想も

会津電力には、二〇代から七〇代まで、多彩なメンバーがそろっています。その一人、折《おり》笠哲也《かさてつや》さんは四〇代前半のスタッフです。原発事故がおきたときは、居酒屋《いざかや》のオーナーをしていました。居酒屋時代は店に出て接客するのが楽しくて、天職だと思っていたと言う折笠さんですが、事故の被害が広がるにつれて、自分にはもっとできることがあるのではないかと考えるようになります。

そこで選んだのが、まったくの異業種である太陽光発電を設置する会社の経営でした。ゼロからはじめたので、はじめは苦労しましたが、慣れてきたころには、たんに自分が設置するだけでは地域は変えられないという限界も感じるようになります。そのとき、大和川酒造で開かれたイベントに参加して彌右衛門さんたちと出会い、意気投合《いきとうごう》しました。いまでは、会津電力の常務として設備面などを担当している折笠さんは言います。

「福島の人間は口には出しませんが、放射能の影響でみんなが苦しんでいます。こんな思いを、ほかの地域の人にはさせたくはありません。会津電力の取り組みを通して、自分たちの意志で地域を変えていく姿を全国に発信していきたいと思っています」

会津電力が第一弾の設備として手がけているのが、太陽光発電です。二〇一四年末までに、会津各地に二二カ所で合計出力二五〇〇キロワットの設備を設置、東北電力に売電する予定です。また、太陽光で事業を軌道《きどう》に載せたあとは、水力や木質バイオマスも積極的に利用していこうと計画中です。

合計八億円にものぼる設備の資金は、自己資金と補助金、金融機関からの融資に加えて、市民出資で一億円ほどを集めました。福島で立ち上がったエネルギープロジェクトを応援したいという人たちの反応は、会津電力が考えた以上に早く、出資金は募集するとすぐに集まったのです。

彌右衛門さんは、今後は独自の設備を設置するだけでなく、東京電力などが所有する既存の水力発電所を買い取るという大胆《だいたん》な計画も視野に入れています。現在、会津にある水力発電所の出力だけで三九〇万キロワットあります。一方で、福島県で使用している電力は約二〇〇万キロワット、会津だけなら三〇万キロワットとされています。地域にある発電所を買い取って地域所有にしていけば、すぐにでもエネルギー自給が可能になるのです。しかも余った分は県外に売り、収入にもなります。その資金を地域づくりに使えば、地域内で経済を回すことができるようになります。彌右衛門さんは言います。

「なぜ福島に原発が一〇基もあったのかというと、地方が貧しいからです。そこにお金と引き換えで原発ができた。でも、足下の資源を活かせば、地方は国や県からの交付金に頼らなくても自立していけます。自然エネルギーという新たな産業を生み出すことの意味は、地方の活性化という意味でも大きいですよ。だから、国はもっとそこに力を入れるべきなのです」

水力発電を買い取る構想は、まだまだ実現するメドは立っていませんが、会津電力では、まずは会津のエネルギー自給をすすめ、一〇年以内に福島県全体へと広げていこうという構想をかかげます。また、会津電力は全村避難した飯舘村の人たちともいっしょに、エネルギーの取り組みをはじめる相談をすすめています。

震災から三年半、人類が経験したことのない深刻な原発事故の被害と正面から向きあい、困難とたたかってきた福島の人々。その人たちの心にあったのは、危機に陥った地域をなんとかしたいという痛切な思いだけではありません。事故のあった福島こそが率先して新しいモデルを実践していくことで、日本全体にその動きが広がっていく可能性を感じているのです。

一歩ずつ歩みをすすめてきた福島のご当地電力の取り組みは、確かに他の地域にも影響を与えています。

第５章

全国に広がるご当地電力

長野県・上田市民エネルギーの「相乗りくん」に参加する人々
（提供：上田市民エネルギー）

ご当地電力は地域や人によってちがう

ご当地電力は、地域の特徴や関わっている人がどんなネットワークを持っているかにより、それぞれ異なっています。たとえば、都会でできることと田舎でできることは、まったくちがいます。山間部か平野か、海沿いかでも変わってきます。関わる人が市民グループか、企業か自治体かによってもちがいます。企業といっても、大企業と地元の中小企業では変わってくるでしょう。いずれにせよこれまでは、それぞれのグループが自分たちの中だけで取り組みをすすめることが多かったのですが、それでは広がりに限界がありました。

地域ぐるみの取り組みにしていくためには、長野県飯田市で市民と行政が協力したように、立場をこえてつながる必要があるのです。日本では、市民と金融機関とか、企業と自治体は、それぞれ考え方がまるでちがうため、本当の意味の共同作業というのはあまりやってきませんでした。そうした背景を飛び越えて、一つの目標のもとにいっしょに取り組む作業は、口で言うほど簡単ではないからです。

一方で、地域でエネルギー事業を定着させるためには、さまざまなハードルがあります。

まず、ある程度の設備を導入するにはそれなりのお金が必要です。また設置する土地をどうするかといった問題や、知識や技術をもった人材も欠かせません。そして電力会社とやりとりする交渉力や、地域に広げるためのネットワークも大切になってきます。

そのようなハードルを乗り越えるためには、いままでにはなかったような新しい挑戦をしていかなければうまくいかないのです。地域のエネルギー事業はまだはじまったばかりで、言ってみれば新しい産業をつくっている段階です。だから簡単にいかないのはあたりまえです。それでも、各地でご当地電力を立ち上げた人たちは、こうした困難に果敢《かかん》にチャレンジしています。それでは、各地の活動を具体的に見ていきましょう。

持続可能な「ほうとく思想」――小田原

山の中で一〇〇年前の小水力発電所を掘りおこす、小田原の人々の活動の話を覚えているでしょうか(第1章)。その取り組みに積極的に関わっている「ほうとくエネルギー」は、地元の民間企業と自治体がガッチリ協力してすすめているご当地電力会社です。

神奈川県小田原市は、海と山に囲まれ温泉地の箱根の近隣なので、休日はいつも首都圏からの観光客でにぎわいます。ところが、3・11の震災がおきてしばらくは、観光客がまったく訪れなくなってしまいました。また、小田原は福島第一原発から約三〇〇キロ離れていますが、名産の足柄茶《あしがらちゃ》からは放射性物質のセシウムが検出されました。地元の商工業者は、こうした事態を前にエネルギーの一極集中の危うさを感じます。ほうとくエネルギー副社長で、住宅関係の会社を経営している志澤昌彦《しざわまさひこ》さんは、このように言います。

「私たちはそのとき、安心、安全があってこそ商売ができるのだと実感しました。そして、エネルギーについて自分たちのできることをやろうという声が高まったのです」

地元自治体の小田原市も、加藤憲一《けんいち》市長を中心にエネルギーの取り組みをはじめていました(＊1)。小田原市は、環境省が募集した自然エネルギーを地域に広めるための委託事業に応募して選ばれます。そして、その事業を市単独ではなく地域の人たちといっしょに実現するため、協議会を立ち上げました(＊2)。そこに、志澤さんたち商工業者のネットワークも参加したのです。

小田原にはもともと、町づくりの活動を通して商工業者の強いつながりがありました。だから今回エネルギープロジェクトをはじめようという呼びかけがあったときも、すぐに反応できたのです。協議会に参加した企業は、かまぼこ屋さん、ガス会社、建設会社など、さまざまな業種にわたりました。そこに集まった企業は、協議会での一年にわたる話しあいの末に「ほうとくエネルギー」を設立する際にも出資をしています(＊3)。

話がちょっとそれますが、いまご当地電力をすすめているそれぞれの地域には、一つの共通点があります。それはまったく新しい関係をゼロからつくるのではなく、小田原のようにもともとあったつながりを活かして、その仲間たちでこんどはエネルギーをやっているということです。もちろん、そこに新しい人が参加することは重要ですが、中心になっているメンバーが地域にもともとあったコミュニティだから、おたがいが信頼してすすめられているのだと感じます。

小田原の協議会では、地域の将来のためにはどうすべきか、という議論がくりかえされました。「将来世代にいい環境を残し、地域社会に貢献する」という理念をかかげたからには、単に発電設備をつけて売電収入を得ればいいというわけではありません。

議論の結果として二〇一二年一二月に誕生した「ほうとくエネルギー」という会社の名前にも、地域へのこだわりがあらわれています。「ほうとく」は、小田原出身の思想家である二宮尊徳《にのみやそんとく》(金次郎)がかかげた「報徳思想」から取りました。昔はどの小学校の校庭にも、薪《まき》を背負いながら読書をする金次郎の銅像が建っていましたが、彼の思想はあまり知られてはいません。飢饉《ききん》に苦しむ農村の再生に生涯をささげた尊徳は、収穫を分けあい、ぜいたくをせずに、残ったものを将来のために使うことで持続可能な地域ができると説いています。その思想は、本当に必要な分のエネルギーを自給したり、そこから生まれる利益で将来の地域をつくっていく地域エネルギーの活動にぴったりとあてはまるのです。

＊1　加藤市長が二〇一一年七月にISEPの飯田哲也所長と公開対談し、これをきっかけに環境省の事業に応募することになった。

＊2　環境省が二〇一一〜一三年に実施した、地域主導で自然エネルギーを広める委託事業。正式名は、「地域主導型再生可能エネルギー事業化検討業務」と言い、最初の三年間は一定の基準を満たせば補助が出て、専門家のサポートなどが受けられることになっている。協議会の正式名称は「小田原再生可能エネルギー事業化検討協議会」。本書に出てくるプロジェクトでこの環境省事業に採択されたのは、ほうとくエネルギー、多摩電力、会津電力、徳島地域エネルギーなど、多数にのぼる。

＊3　ほうとくエネルギーの設立には、二四社の地元企業が三四〇〇万円の出資をしている。

自然エネルギーを地域のメリットに

ほうとくエネルギーは当初、飯田市のおひさま進歩エネルギーをモデルに、市が所有する公共施設の屋根に太陽光発電を広げようと考えていました。しかし、志澤さんたちが実際にかなりの数の公共施設の屋根に登って調査したところ、老朽化していたり屋根の向きが合わなかったりと、適した場所があまりありませんでした。そこで、公共施設としてはすぐに設置できそうな小学校など三カ所にしぼります(*)。

小学校につけるといっても、そこで生まれる電力はふだんは小学校で使えません。電力会社に売電され、立ち上がったばかりのほうとくエネルギーの収入になります。一方で、震災などの非常時には太陽光が生み出す電気を使えるようになっています。小学校は緊急時に避難所になるので、地域の災害対策になるわけです。

二〇一四年一〇月現在、ほうとくエネルギーが設置した小学校は二校だけですが、志澤さんは「いずれ小田原市内すべての小中学校に、防災対策として設置したい」と意気込みます。屋根につける設備は大きくはありませんから、ほうとくエネルギーにとって大きな収益になるわけではありません。しかし、防災対策につながることで、ほうとくエネルギーの目的の一つである地域貢献ができるのです。

自治体との共同作業は、スムーズに行かないこともよくあります。たとえば小学校に設置する話は、小田原市とほうとくエネルギーが約束して決めたことです。でも、その理念が現場に伝わっていませんでした。はじめに志澤さんたちが学校を訪問したとき、校長先生の対応は冷たいものでした。志澤さんは言います。

「役所の担当者から、私たちの事業の目的が地域貢献だということが伝わっていませんでした。学校側は太陽光発電を手がける民間企業にもうけさせてあげるよという姿勢だったのです」

市役所は、部署と部署との連携がうまく取れないことがよくあります。小田原でも、市長とエネルギー担当の部署は熱心ですが、公共施設や学校を担当する部署には理解されていませんでした。そこで志澤さんたちは、校長先生に一から説明して、これが地域のための事業であり、非常時にも役立つことを理解してもらいました。それによって学校側にも歓迎されるようになったのです。

子どもたちも招いておこなった発電開始のイベントでは、テープカットではなく、コンセントをつなげて灯りをつけるセレモニーがおこなわれました。明るくしたのは、名物の小田

小学校での小田原提灯点灯式（提供：ほうとくエネルギー）

原提灯《ちょうちん》です。こんなところでも地域性が出るようです。その後、ほうとくエネルギーは、この学校の子どもたちに環境の授業をおこなうなど教育にもつなげています。

地域貢献を理念に小田原市の使用許可を得たといっても、二〇万近くの人口がいる小田原市で一般の人に認知してもらうのは簡単ではありません。ほんとうの意味で地域ぐるみのプロジェクトにするためには、こうした現場で粘り強い説明をして、関わる人たちに理解してもらうことが大切です。そうすることで、こんどはその人たちから新しい広がりが生まれてくるのです。

ほうとくエネルギーがもう一つすすめているのは、山林でのメガソーラー事業です。メガソーラーというのは出力約一〇〇〇キロワット以上の太

山林所有者の辻村百樹さん

陽光発電所のことで、一般家庭約三〇〇世帯分の電力をまかなう大きな設備です。この設置作業を手がけているのは、掘りおこしをしている小水力発電所があるのと同じ山です。

山主の辻村百樹《つじむらももき》さんのもとには、民間のさまざまな業者から太陽光発電を設置しませんかという誘いが来ていました。でも辻村さんは、単にお金をもうけるだけの事業には興味がありませんでした。そんなとき、ほうとくエネルギーが設立したことを知り、地域貢献につながるのであれば、という理由から土地を貸す約束をしたのです。

辻村さんは、自分が先祖から受け継いだ山林が、間伐《かんばつ》などに費用がかかりすぎるため整備ができず荒れてしまっていることに頭を悩ませていました。そのような問題は、全国の山林で同じようにおきています。山に人の手が入らないと、川や海の環境にも悪影響を与えます。また、土砂災害などが悪化する危険性も出てきます。辻村さんはそこで、ほうとくエネルギーから入る土地の賃借料を森林保護に活かすことにしました。太陽光発電をすすめることで、単に電力を生むだけでなく、小田原の山や海の環境を守ることにつなげようとしているのです。

これらの設備を設置するためのお金は、あわせて約四億円が必要となります。そのお金は、設立に関わった会社の資本金と地域の金融機関(さがみ信用金庫)からの融資、そして一般の市民に呼びかけた出資でまかないました。二〇一四年一月から募集をはじめたほうとくエネルギーの市民出資には、神奈川県や小田原の人が多く参加して、締め切りを待たずに約一億円のお金が集まりました。こうした動きを通じて、地元での認知度が徐々に高まっていったことがわかります。地域の人がお金を出しあって設置した設備が、地域の防災や森林保護につながるという小田原の仕組みが、まもなく実現するところまで来ています。

＊小学校など三カ所の公共施設に設置した発電所は合計で約一二〇キロワット、メガソーラー発電所は九八三キロワットで、いずれも二〇一四年に稼動をはじめた。

かみ合わなかった市民と行政——宝塚

つぎに紹介する兵庫県宝塚市の取り組みは、当初は市民と行政の関係性はかならずしもよくありませんでした。しかし、活動をすすめる中で新しい関係性をつくりあげていきます。約二三万人が暮らす宝塚市は、大阪や神戸のベッドタウンとして発展してきました。「宝塚歌劇」で有名なこの町には住宅街が多く、使える自然エネルギーは太陽光ぐらいしかありません。でもそんな宝塚で、これからは「エネルギー」も名物になっていくかもしれないと思わせる取り組みが動き出しています。

まずは、市民の動きです。福島原発事故の後、脱原発をめざす市民グループが「新エネルギーをすすめる宝塚の会」というNPOをつくりました。NPOの理事、井上保子《やすこ》さんは言います。

「私たちは前から自分たちでエネルギーをつくりたいと思っていました。でも、小さな設備では採算が合わないので、断念した経緯があったのです。新しい法律ができて、前よりはやっていけるようになったので、思いきって事業をはじめることにしました」

新しい法律というのは、二〇一二年七月からはじまったFIT(再生可能エネルギー固定価格買取）制度というものです（＊）。これは、自然エネルギーでつくった電力を事業者に有利な価格で電力会社が買い取ってくれることを、国が保証するものです。これによって、いままで採算が合わなかったプロジェクトでも実現できるようになりました。各地でご当地電力が活動しはじめたきっかけの一つも、この法律ができたことでした。

でも、市民が自分たちでエネルギーを手がけようと思っても、井上さんたちにはお金もノウハウもありません。そこで、詳しい人を仲間に加えたいと思いながら道を歩いていたら、「太陽光発電を設置します」という看板が目に入りました。井上さんたちは「当たってくだけろ！」と、アポなしでその業者に飛びこみます。ドアの向こうには、恐そうなヒゲのおじさんが座っていました。もしこの人が、お金もうけしか考えない業者だったら、相手にされなかったかもしれません。

でも、この人は井上さんの話を聞き、「ぜひ、いっしょにやりましょう！」と言ってくれたのです。社長の西田光彦《みつひこ》さんは、単に仕事として設置するだけではなく、地域のために貢献できないかとちょうど考えていたところだったのです。おたがいにとってこんなタイミングのいい話はありませんでした。

井上さんたちがつぎに訪れたのが、宝塚市役所です。市長の中川智子《ともこ》さんは３・11の震災を受けてすぐに、国や電力会社に対して原発に頼っているエネルギー政策を見直すよう要請するなど、積極的に行動をおこしていました。また、NPOの設立と同じころ、市に新エネルギー推進課を設立します(二〇一二年四月)。

そして、自然エネルギーの専門組織である環境エネルギー政策研究所(ISEP)とのアドバイザー契約も結びました。原発に依存せず、自然エネルギーを増やしたいという思いは、市民も行政も同じだったのです。そこで井上さんたちは、新エネルギー推進課(以後、新エネ課)とどんな協力ができるか相談しようとしました。

ところが、立ち上がったばかりの新エネ課のほうは、まったく準備ができていません。新しくできた課の職員はたった三人。しかもエネルギーの部署ができたのは初めてのことなので、配属された担当者には予備知識がなかったのです。まず何からはじめようかとバタバタしているときに、井上さんたちがやってきました。

井上さんたちがこのような形で市役所を訪れるのは、初めてではありませんでした。以前から市に対して自然エネルギーをすすめてほしいと要望をつづけてきただけでなく、原発事故の後は、小学校の給食の放射性物質の検査や対策について、要望を何度もくりかえしてきました。そのため、行政職員にとっては、要望ばかりしてくる「口うるさい市民団体」という印象が強かったのです。

新エネ課の課長となった政処剛史《まどころたけし》さんは、方針がまだ何も決まっていないので「困ったなあ」という思いで、井上さんたちを出迎えました。もちろんただ心配だっただけではなく、長年活動している環境団体と話しあうことは、今後の政策づくりの参考になるかもしれないという思いもあったのですが……。

一方、市民の側はこれまで行政に要望してきて、やっと新エネ課をつくってくれたと喜んでいました。いったいどんな政策を実現してくれるのかを聞きに、意気込んでやってきたのです。あんのじょう、両者の話はまったくかみ合いませんでした。井上さんたちが、「市はどんなことをやってくれはるんですか？」「ビジョンはどうなってますの？」などと矢つぎばやに質問をするのですが、政処さんは「まだ何も決まっていないので、これから勉強して……」と答えるのが精一杯です。

期待していたはずの話が何も出てこない新エネ課の対応にしだいにイライラしてきた市民グループのメンバーが、「あんたらにビジョンはないんか？　何年も先のこと、私らは待ってられへん！」と言い捨てました。井上さんたちが当時感じたのは、「やはり行政はできない理由ばかり並べて、何もやってくれない」という思いでした。意思疎通《そつう》がうまくできずに、おたがいの第一印象は最悪だったのです。

＊Feed In Tarif の略称で、自然エネルギー普及をめざした制度。設備が国に認定されれば二〇年間同じ価格で電気を買ってもらえる。ただし、買取価格は年々下がるので、早めに認定をとったほうが有利になる。ＦＩＴ制度にはさまざまな課題も指摘されている。規模が小さくても、電力会社とのやりとりや手続き面の難しさはそれほど変わらないので、小規模だと採算が悪いというのも課題の一つ。地域に根ざした小規模な発電所づくりをすすめるグループは、この価格を規模別に変えるべきだと訴えている。

立場のちがいを活かした「宝塚モデル」

その関係が変わるきっかけの一つになったのは、新エネ課がはじめた「再生可能エネルギーをみんなで考える懇談会」でした。当初は、市が単独で太陽光発電設備を設置したり、一般家庭がソーラーを導入する際に補助金をつけるという政策も検討しました。

こうした政策はお金さえ出せばすぐに結果が出るからです。しかしアドバイザーとなった

ＩＳＥＰのスタッフが、自治体単独で設備をつくったり、なくなったら終わってしまう補助金を出すのでは持続可能な政策にならないと助言をします。彼らが強調したのは、時間がかかっても市民が自由に参加できて、情報や知識を共有し、意見を出しあえる「場」をつくることこそが行政の役割だというものでした。

そこで一年以上にわたり、誰もが参加して議論のできるオープンな場が、二カ月に一回のペースで開催されるようになったのです。そこに集まった人々で、宝塚にとって何が大切かという議論をおこないました。もちろん自分たちの発電所づくりをめざしていた井上さんや西田さんも、ほぼ毎回参加しました。そこに参加した人の中には、自分の土地を使ってもいいという人がいました。また、設置するならお金は出せるという人もいました。新エネ課が主催した懇談会《こんだんかい》を通じて、井上さんたちのネットワークが広がっていきました。

そして二〇一二年の年末、ＮＰＯが「宝塚すみれ発電所一号機」を設置することになります。すみれという名前は、宝塚の市花にちなんでいます。設備は出力約一一キロワット（一般家庭約三軒分）の小さなものでしたが、ユニークなのは、業者まかせにしなかったことです。本職の西田さんによる指導のもと、ＮＰＯのメンバーや地主さん、出資者のみんなが手作りで設置作業をおこないました。井上さんたちが驚いたのは、作業当日に政処さんら新エネ課の職員三人が手伝いにきたことでした。集まった人たちは、五時間かけて重たいコンクリートブロックやパネルを運び、いっしょに汗を流しました。

こうした共同作業を通じて、市民グループと行政との信頼関係は深まっていきました。当初は「言ってもなかなか動いてくれない」と不満をもらしていた井上さんも、新エネ課の登場で行政のイメージが変わったと言います。

「市民のできること、行政のできることをそれぞれがやって、相乗効果が出ているように思います。私たちのすみれ発電所のことも、市の広報で取り上げてもらうなど、応援してもらっています。それぞれできることがちがうので、役割分担が大事なのですね」

さらに井上さんたちのＮＰＯは、二〇一三年一一月に一号機より少し大きな出力約四八キロワットの二号機を設置しました。一号機の資金は、顔の見える範囲で小口のお金(私募債《しぼさい》)を募《つの》りましたが、二号機は金融機関からの融資に加えて、一般市民からも公募しました。そしてこの発電事業をさらに展開していくため、二〇一三年一二月には「株式会社宝塚すみれ発電」を設立しました。あくまで行政の補助金などに頼らず、市民主体のエネルギー事業と地元業者の活用によって、地域にメリットを生み出そうとしています。

一方、行政としても、市民と相談しながらすすめていくことにはメリットがありました。

みんなで手作りした宝塚すみれ発電所１号機の設置作業(提供:宝塚すみれ発電)

宝塚すみれ発電所２号機をバックに、宝塚すみれ発電の井上保子さん(左)と宝塚市新エネルギー推進課の政処剛史さん

エネルギーに関心をもつ人が増えただけでなく、市の直接の予算を使わずに、自然エネルギーを広めるきっかけをつくることができたのです。

新エネ課はその後、懇談会で市民から出た意見を審議会に届けます。そして二〇一四年六月には、市議会で地域にメリットがある形で自然エネルギーを導入する方針を定めた条例(再生可能エネルギーの利用の推進に関する基本条例)が制定されるのですが、そこにもこうした意見が反映されたのです。

さらに同年七月には、公共施設の屋根を民間事業者に太陽光発電のために貸し出す公募をはじめます。その際、価格面だけで競争すると大手の業者ばかりが契約をとってしまうのですが、宝塚では市民参加型のモデル事業の枠《わく》を設け、そのうち二件(合計出力六〇キロワット)を多数の市民が参加している宝塚すみれ発電と契約することにしました。

新エネ課が発足した当初、市民からだけでなく、議会や市役所の同僚たちからも「たった三人のスタッフと少ない予算で何ができるの?」とからかわれたり、疑問視する声が上がりました。またいまでも「太陽光の補助金を出したら、簡単に結果が出せるでしょ」と言われることも、少なくありません。そんな中、市民の声を聞きながらコツコツとできることを形にしてきた政処さんは言います。

「井上さんたちも私たちも、立場はちがっても、宝塚育ちの人間です。自然エネルギーを使って地域を活性化させたいという思いは共通しています。ハードルは高く、成果を生み出すにはまだまだこれからですが、この三年間積み重ねてきた成果が少しずつ形になって、市民や事業者、NPO、行政が協働ですすめていくことの手応えを感じることも出てきています」

一般的に市民と行政との対話というと、市民の側は自分たちの要望ばかりを押しつけ、すぐには決めることのできない行政があいまいな対応をしてお茶を濁《にご》す、という関係になりがちです。このような状態では、どちらにとってもストレスしか残りません。

宝塚でも当初はそうでした。しかし、第三者であるISEPのスタッフの力を借りながら、おたがいが考えていることや感じていることを理解しあう努力をつづけてきました。それによって対立関係をこえて、それぞれが役割を果たしながら同じ目標をめざすという新しいスタイルを築きつつあります。取り組みはまだはじまったばかりですが、エネルギーを通じて市民と行政とが連携する「宝塚モデル」は、一プラス一が二ではなく、三にも四にもなる可能性を秘めているようです。

合い言葉は「小学校を残そう」——石徹白

小田原と宝塚という人口が二〇万人規模の町の取り組みを紹介してきました。では、人の少ないところではどんなことをやっているのでしょうか？　次は、人口が三〇〇人にも満たない、山間部の取り組みです。

日本三大盆おどりである「郡上《ぐじょう》おどり」で知られる岐阜県郡上市。その福井県との県境にある白鳥町《しらとりちょう》石徹白《いとしろ》地区は、冬には一晩で一五〇センチもの雪が積もることもある山間の豪雪地帯です。一一〇世帯、人口二六六人というこの小さな集落では、名峰の白山《はくさん》から流れる豊かな水を使った、住民による小水力発電の挑戦がはじまっています。

この地域をぼくが初めて訪れた時期は、すでに四月になろうとしていましたが、降り積もった雪は溶けずに周囲を埋めていました。「これでもだいぶ雪は減って動きやすくなったんですよ」。案内してくれた平野彰秀《あきひで》さんは、驚くぼくにそう教えてくれました。その日は、ちょうど集落で唯一の小学校の卒業式でした。平野さんに誘われて、見学させてもらいました。

体育館に座っているのは一〇人ちょっとの小学生。ところが、校長先生が「卒業生起立!」と言ったとき、立ち上がったのは女の子一人だけでした。ほかの子は別の学年で、全校生徒が一〇人だったというわけです。卒業式は、みんなで卒業していくその女の子の思い出を語ったりと、なかなか感動的なものでした。一方で、子どもがどんどん減っていっているという大人たちの危機感も伝わってきました。

いまは全国で子どもが減り、小学校の廃校があいついでいます。小学校がなくなるということは、地域の危機をさらに深めます。新しく子どもが生まれても、その子は地域外の学校に通わないといけなくなるからです。そうなると、地域にいる若い夫婦は外に移住するようになり、やがてその地域には人がいなくなってしまうのです。この石徹白地区でも、人々の関心はどうやって小学校を存続させるかということに向いていました。

平野彰秀さんと上掛け式の水車

この集落に二〇〇七年あたりからひんぱんに出入りするようになったのが、

NPO法人地域再生機構の平野彰秀さんです。岐阜市出身の平野さんは、大学で町づくりを学んだあと、東京で経営コンサルタントをしていました。当時の年収は一〇〇〇万円以上もあったそうですが、食もエネルギーも地方に頼りきった都会の暮らしに未来はないと感じていました。全国各地に出向いて町づくりを手伝う中で、縁があって訪れた石徹白に移住しようと決めたのです。平野さんは言います。

「私はこれからの最先端の生き方は、都会ではなく、このような地方にあると確信しています。不便なところばかりが強調されますが、地方には豊かな自然や助けあって生きるという自治の精神など、いいところがたくさんあります。それを活かして、エネルギーにかぎらず持続可能な地域をつくっていけたらいいと思ったのです」

この石徹白地区には、住民たちがお金を出しあって設置した小水力発電を自分たちで運営していたという歴史があります。その発電所は、昭和三〇年ごろまで活用されていました。この地域の電力はすべてその小水力発電でまかなっていたのです。当時は電力使用量はいまよりずっと少なかったとはいえ、人口はいまよりずっと多く、一二〇〇人以上が暮らしていました。かつての石徹白では、住民自らの手であたりまえのようにエネルギーをつくっていたのです。

エネルギーだけではありません。集落で仕事がないというときに、建設会社やスキー場を自分たちでつくり、雇用を生みました。行政が何かしてくれるのを待つのではなく、自分たちの地域のことを自分たちが手がけてきたのです。

平野さんは地元のＮＰＯ「やすらぎの里いとしろ」と協力して、ふたたび小水力発電で集落の電力をまかなおうと調査、研究をはじめました。町づくりは専門でしたが、当時は小水力発電に詳しかったわけではないので、試行錯誤のくりかえしでした。何度かの試作を経て二〇〇九年に実用化したのが、農業用水を活かした最大出力八〇〇ワットのらせん型水車でした。流れこむ水量が多いらせん型水車は、落差が五〇センチ程度の場所でも十分発電します。

また、ゴミが詰まりにくいのでメンテナンスに手がかかりません。ちなみに、小水力発電は出力が小さくても、太陽光や風力とはちがって二四時間安定して電力を供給することができます。この小さな水車も、月で換算すると一般家庭の電力消費量一世帯分以上の、三六〇キロワット時を発電しています。この電力は、近くにあるやすらぎの里いとしろ事務所の街灯や照明として活用されています。

当初、こうした取り組みに、住民はあまり関心をもちませんでした。確かに石徹白は豪雪地帯であることに加え、最寄りのスーパーまで車で三〇分かかるような地域なので、災害などで停電になれば孤立する可能性もあります。そのようなときにエネルギーや食が自給できていれば、外からの支援がなくても安心できます。それでも、集落の最大の関心事はエネルギーではなく、集落の存続のために小学校を残そうということでした。たとえ、石徹白の電力をすべて自然エネルギーでまかなえるようになったとしても、この地域に誰も住めなくなってしまえば意味がなくなってしまうのですから、それも当然かもしれません。

エネルギーと地域づくりは一体

地域での受け止め方が変わってきたのは、独立行政法人の委託事業として二〇一〇年に上掛《うわが》け水車ができてからです。落差三メートルのこの水車の出力は最大二・二キロワットで、隣接する農産物加工場の電力の一部をまかなうことになりました(*)。

ユニークなのは、「地域でできることは、地域でやる」というコンセプトのもと、水車の導入から運営まで住民自身の手でおこなっていることです。これは、全国でもほとんど例がありません。水車の羽根は地元の木材でつくられているため、もし破損《はそん》をしても住民が修繕《しゅうぜん》

地域名産のトウモロコシづくり（提供: 平野彰秀）

できるようになっています。そうした手入れのおかげで、雪が降っても停止することなく、水車は年間を通じて稼働をつづけました。そうした経験を重ねる中で、自分たち自身がエネルギーを生み出しているという手応えを得られるようになったのです。

しかし、この水車のおもしろさは、ただ住民自身がエネルギーをつくっているということだけではありません。まず、電力をまかなうことになった農産物加工場ですが、ここは稼働率が低く休止状態になっていた施設です。しかしこの小水力発電が稼動したことをきっかけに、石徹白の名産品であるトウモロコシを使った新たな加工品づくりがスタートすることになりました。

次に、見た目もどこか懐かしい水車を住民の手で運営していることが評判を呼び、集落の外から見学者が来るようになりました。特に二〇一一年に震災がおきてからは、地域でエネルギーをつくることに関心が高まり、人口二七〇人に満たない集落に、年間五〇〇人以上の見学者が訪れるようになったのです。そこで、有志の女性たちが中心となって、地元食材を使ったカフェを運営するようになりました。

そうした町の取り組みが起爆剤となり、小水力発電の活動をはじめて以降、平野さんの家族を含めて子連れの移住者やUターン組が増え、八世帯、二二人も増えたという効果も出ました。これは、石徹白の人々の八%にもなります。エネルギーへの取り組みが、最大の懸念《けねん》だった子どもや人口を増やすことにもつながったのです。もちろん、これだけで過疎化や少子高齢化といった課題が解決するわけではありませんが、小水力発電をきっかけに地域の人が主体になったさまざまなプロジェクトが動きはじめ、集落に少しずつ活気が戻ってきていることは確かです。いまでは上掛け水車は、町づくりのシンボルになっています。

＊らせん型水車と同様、資金は独立行政法人の科学技術振興機構（ＪＳＴ）の委託研究で設置された。

地域のみんなが出資する発電プロジェクトへ

そして二〇一四年からは、石徹白の住民がお金を出しあって地域で使う電力の一〇〇%以上をまかなおうというプロジェクトがはじまっています。この話が決まったきっかけは、岐阜県が石徹白に小水力発電所をつくろうとしたことでした。石徹白の農業用水路には七〇メートルの落差がある場所もあります。今回の計画はそこで発電して、電力会社に売電しようというものでしたが、それに対して石徹白自治会から異論が出ました。その発電所は、完成しても石徹白にほとんどメリットがないものだったからです。

そもそも、小水力発電に使っている農業用水の歴史は、明治時代に石徹白の人たちが三キロ上流の川から土木工事をして水を引いてきたところからはじまっています。石徹白は川が低い位置を流れていたため、もともとは田んぼをつくることができませんでした。

そこで大変な苦労をして、手作業で用水路をつくり、その水を現在の田んぼや畑、発電所に活かしてきたのです。また、その水路の整備や掃除は、毎年二回地域の全世帯が人を出しておこなってきました。地域ではそれを一〇〇年以上つづけて、大切に継承してきたのです。その地域の宝といえる用水路を使う水力発電所なのに、地元にメリットがないというのはおかしなことです。

そこで、石徹白自治会と行政は話しあいを重ね、行政がつくる設備とは別に、石徹白の人たちがお金を出して、もう一つ発電所をつくろうということになりました。石徹白では、これまでの平野さんたちの活動をふまえ、住民自身がエネルギーづくりに参加する機運が高まっていたこともあります。

計画では、二〇一五年に稼動する行政の設備が出力六八キロワットで、二〇一六年に稼動する地元の設備が一〇三キロワットを予定しています。二基合わせると、石徹白で使用している電力の二〇〇%ほどになります。売電して出た利益は、農業用水の維持管理や手つかずになっている農地の整備など、地域のために使われる予定です。

二〇一四年一一月現在は工事がはじめられるところまでいっていますが、大変だったのは地域の合意と建設資金でした。地元用の設備の総事業費は二億四〇〇〇万円で、そのうち七五%を条件つきで県と市が補助してくれることになりました。それでも地元の負担は六〇〇〇万円になり、一〇一世帯の集落にとっては大金です。

そして、みんなで管理している農業用水を使うには、集落に住む全員の合意が必要です。そこで、石徹白自治会は発電事業をおこなう農業用水を利用するための農業協同組合(農協)

を設立して、全世帯に参加してもらうことにしました。一七人の発起人が、半年ほどかけて打合せをくりかえし、全世帯に参加と出資を呼びかけました。そして、八〇〇万円の出資金が集まったのです。残りの資金は、農協が融資を受けて理事が保証人になっています。

当初は「地元がそこまでする必要があるのか」という意見もありましたが、リーダーシップをとった自治会長の上村源悟《うえむらげんご》さんは、くりかえしこのように説明したと言います。一つは集落を次の世代に残していくために、いまできる限りのことをやる必要があるということ。そして、村を挙げてみんなでやらないといけないということでした。山奥で暮らすのは大変なことですが、みんなで協力してきたからこそ集落がつづいてきました。最近はそのような取り組みがだんだん減ってきましたが、集落が危機にあるいまこそ、その伝統を活かそうというわけです。

上村さんは「先人たちがこの地域で暮らしていくために努力してきたように、私たちもこの地域を次世代に引き継ぐために精いっぱい取り組みたい」と語ります。石徹白が一丸《いちがん》となって取り組むプロジェクトが、いままさにはじまろうとしているのです。

都市部のキーワードは「ヒト」――多摩

これまで自然エネルギー利用は、資源が豊富な地方がさかんでした。でも最近、資源も土地もない都会で新しいチャレンジがはじまっています。その一つが、東京のベッドタウンである多摩市を拠点に活動する多摩電力合同会社(通称、たまでん)です。

多摩市をはじめ、八王子市や町田市など周辺四市にまたがる多摩ニュータウンというエリアは、高度経済成長期に発展した地域です。当時、都市部の住宅が不足していたため、このエリアには都心で働く子連れの若い夫婦のための団地が次々と建てられました。そのため、多摩市ではいまも人口の七割が団地やアパートなどの集合住宅に暮らしています。それから四〇年以上がたったいま、子どもたちは団地を離れ、高齢化した夫婦と老朽化した団地が残されました。「たまでん」はエネルギーだけでなく、そうした地域の課題とも向きあおうとしています。

「たまでん」を設立した中心メンバーは、地域でまちづくりをしてきた経験豊富な人たちです。たまでん代表である山川陽一《よういち》さんも、大手機器メーカーに務めながら、町のゴミ問題などに取り組んできました。七〇歳を過ぎ、のんびりと第二の人生を歩もうと考えていた矢先に、3・11がおきたのです。山川さんは、「エネルギーを消費する一方の都会の人間として、原発に頼らない社会をつくりたい」と強く思うようになったと言います。

そのころ、多摩でエネルギーについて議論する市民の集まりが開催されるようになり、山川さんも参加します。そのグループが、多摩循環型エネルギー協会(多摩エネ協)の誕生につながります(*)。さらに「多摩エネ協」を母体に、二〇一二年一〇月に設立されたのが、具体的に発電事業を担当するたまでんです。

新しい事業をやるときには、たいていは他ではできないことをやろうとするものです。ところが、たまでん設立にあたって山川さんが宣言したのは「どこでもできることを形にしたい」ということでした。背景には、都市部で少しでも発電できるようになれば、全国どこでもマネができるモデルになるのではないかという思いがありました。

都市部には自然エネルギー資源は少なくても、「ヒト」がいます。さまざまな専門家がいたり、地域活動をしてきた人たちどうしがうまくつながれば、課題を乗り越えるアイデアも生まれます。多摩エネ協とたまでんはまさしくそんなグループです。設立したときの中心メンバーは一般市民ばかりでしたが、それぞれ町づくりなどをになってきたベテランなので、幅広い人脈を持っていました。そして、そのつながりを活かして熱心に働きかけたことで、

多摩次世代リーダー育成プログラムのメンバーと山川勇一郎さん(前列左端。多摩電力が設置した恵泉《けいせん》女学園大学の施設にて)

いまではたまでんの動きは行政や大学、金融機関を巻きこんだ地域ぐるみの活動になってきています。

たまでんは、まず多摩市内にある大学に、次に有料老人ホームの屋根を借りて、太陽光発電設備を設置しました。また、二〇一四年には多摩市と公共施設の屋根を借りる契約を結び、市内の小中学校など九カ所に設置することが決まりました。ほとんどが屋根の上ばかりなので、一つ一つの設備は小さいのですが、それでも二〇一四年九月現在までに、合計一二カ所、出力約五〇〇キロワット(一般家庭では約一六〇世帯分の電力)にまで増えました。資金の一部には、市民出資も入っています。都市部の住民が手作りではじめた取り組みとしては、設立から二年間で大きな成果をあげたと言えます。

もちろん、すべてが順調にいっているわけではありません。たまでんは当初、地域の特徴である集合住宅の屋根を活かそうと考えていました。しかし、団地の屋根などに設置するには、そこに住んでいる住民の大半が賛成する必要があり、それは想像以上に大変なことでした。ほとんどの人は、自然エネルギーが増えること自体には賛成します。

でも、自分の家の屋根につけるかというと、反対する人も多いのです。「台風で飛ばないのか」という心配があったり、単に「新しいことをしたくない」という人もいます。また、太陽光発電事業は二〇年先を見すえたものなので、できたばかりの「たまでん」を信用できないと考える人もいます。そうした漠然とした不安を解消するのは簡単ではありません。

一方で、自分たちがオーナーになって団地に設備をつけたい、と相談してくる人たちも出てきました。そこで現在、たまでんは自分たちではなく団地の住人が主体となり、たまでんがコンサルタントとして関わる方法を探っています。たまでんの目的は、この事業で稼ぐことではなく、地域の将来をよくすることにあります。そのため、かならずしも自分たちが事業主になる必要はないからです。

また人口が多く、エネルギーをたくさん消費する都市部では、発電より省エネに目を向けた方がずっと効果的です。そこでたまでんでは、太陽光発電と並行して、団地に対して賢いエネルギー利用法などを提案し、将来的に「エネルギーのことなら、まずたまでんに聞こう」という存在になることをめざしています。

＊「多摩エネ協」は、小田原市と同様に環境省の委託事業に認定された。

大学生がコミュニティを盛り上げる

自然エネルギーの取り組みは、一度はじめると二〇年以上つづける必要があります。それだけに、若者が参加することが大切です。それなのに、エネルギーをテーマにした集まりに行くと、ふだんから関心の高い年長者ばかりというケースが少なくありません。そのような場では若者が興味を持っていても入りにくく、たとえ入ってきてもなかなか自由に意見が言える雰囲気ではありません。

多摩エネ協とたまでんでも、設立当初は六〇代や七〇代のいわゆる「団塊《だんかい》の世代」が中心になっていました。会社をリタイアした人が地域のためにがんばること自体はすばらしいのですが、やはりいろいろな世代が参加していかなければ、地域みんなのプロジェクトにはなりません。

その流れが変わったのは、三〇代後半の山川勇一郎《ゆういちろう》さんが加わってからでした。勇一郎さんは山川陽一さんの息子で、富士山麓にある自然学校でプロの自然ガイドとして活躍していました。たまでんが発足してまもなく、家族を連れて多摩に戻り、そこで働く決心をしたのです。そんな勇一郎さんが立ち上げた活動が、地元の大学生を巻きこむ仕組みづくりでした。

「多摩では、エネルギーに限らず町づくりに関わる多くの人が年配者です。でも多摩には多くの大学があって、町を歩いていると大学生があふれている。ただ、その子たちはエネルギーに関心があるようには見えませんでした。これをどのようにつなげようかと考えて立ち上げたのが、次世代リーダー育成プログラムです」

多摩に通う学生たちの大半は多摩にいても、大学で授業を受けるだけで地域との接点はほとんどないようでした。そして四年間通えば、よその地域に行ってしまいます。大学も行政も、若者が卒業後も地域に残る、あるいは残りたいと思うような具体的な取り組みをしているようには見えませんでした。そこで勇一郎さんは、エネルギーという切り口から学生と地域をつなげたいと考えたのです。

二〇一三年の春、地域社会のリーダーになれる人材を育てることをかかげて募集をはじめると、八大学から一八人の学生が集まりました。幅広く集めるため、あえてエネルギーというテーマには関心のない学生も受け入れました。期間は一年で、プログラムの前半は、ゲストを迎えた講義やディスカッションなどで学びます。後半は、三、四人程度でグループになり、エネルギーに関する企画を自分たちで考え、準備し、地域の人たちに協力を得ながら実行します。その過程で、経験豊富な地域の大人たちが学生をサポートしました。

エネルギーに関する企画は、「地域」と「エネルギー」に関連があれば基本的に何をやってもいいことになっています。しかし、何かをやりとげたことのある学生は少なく、はじめての経験ばかりで苦戦しながら、数カ月かけて各チームが企画をすすめました。そして、プログラム終了時にはお世話になった地域の人たちを前に、自分たちが学んだ成果を発表しました。

多摩大学三年生の許田《きょだ》健斗《けんと》さんは、大学生になって初めて多摩にやってきました。エネルギーに興味があったわけではありませんが、大学の先生に誘われてなんとなくこのプログラムに参加しました。以前、その先生に誘われた会に参加したとき、ふだん話したことのない地域の大人と触れあったことが刺激的だったからです。

太刀川みなみさん(左)と許田健斗さん

もう一人、大学院生の太刀川《たちかわ》みなみさんは、環境エネルギー政策研究所(ISEP)でインターンを経験するなど、もともとエネルギーへの関心が高い学生でした。しかし、地域との具体的なつながりを持っているわけではありませんでした。

健斗さんとみなみさんは、もう一人のメンバーと三人でチームを組み、親子を対象に、地域とエネルギーを身近に感じてもらうというテーマで発表を準備します。「子どもたちにエネルギーのことを伝えたいというぼく自身が、子どもと同じくらいわかっていなかったので大変でした」。健斗さんはそう言って笑います。

何を伝えたいのか、どうしたら伝わるのかを何度も議論し、ときには大人たちからきびしいきかを絞りこみました。そして最終的にはエネルギーは小学生には伝わりにくいため、「野菜」を題材に、地域産の野菜と遠くから運ばれてくる野菜とでは、どれだけ使われるエネルギーや環境への影響がちがうか、ということを考えるカードゲームを製作します。また、地元で野菜をつくっている農家の方をゲストに呼んで、話をしてもらうことにしました。

当日は数組の家族を対象に、丸一日のエネルギー教室をおこないました。小学校低学年の子どもには少し難しい話もしてしまったので、メンバーにとっては、満足する内容にはなりませんでした。それでも、イベントの数日後に参加したお母さんから届いたメールのことを、みなみさんが話してくれました。

「メールには、あの後から子どもが『これはどこでとれた野菜なの?』って聞くようになったり、環境問題の話をするようになったと書いてありました。この反応はすごくうれしかったですね」

ほかのグループは、小学校でソーラークッカーを使って調理をする出前授業をやったり(カバー袖写真)、カフェを借りきってエネルギーをテーマにしたライブイベントをプロデュースしました。苦労をしながら自分たちのアイデアを実現までもっていった学生たちは、この経験をその後の活動につなげています。

みなみさんは、この活動をきっかけに福島県が募集した自然エネルギーを活かすアイデアコンテストに応募。四二件の応募作品の中で、みごと最優秀賞に選ばれました。二〇一四年の八月には、そこで得た賞金を使って、福島の自然エネルギーの取り組みを大学生が見学するツアーを立案して、実施しました。みなみさんは、次世代リーダープログラムでの経験が、コンテストにも活きたと考えています。

「私はそれまでいわゆる頭でっかちだったので、次世代リーダープログラムで地域の人と触れあいながら実のある体験ができたことは、今後に向けて大きかったと思います」

みなみさんはこれから、環境教育の分野で仕事をしていこうと考えています。

健斗さんはいま、大学に通いながら次世代リーダープログラム二期生の事務局スタッフとして動いています。彼はこのプログラムを通じて、多摩で暮らしたいと思うようになったと語ります。

「地域に愛着をもつことができました。多摩でまちづくりをしている人たちは、みんな熱い思いで取り組んでいて、ぼくもこういう大人になりたいなあと思ったんです。それで大学の卒業後も多摩に住んで、就職しようと考えています」

プログラムをはじめた勇一郎さんは、最初にイメージしていた以上の手応えを感じています。

「少々失敗しても学生たちががんばっていると、地域の方がすごく応援してくれるんですよ。コミュニティは、学生を中心に盛り上がっていくんですね。一期はぼくたちも手探りでしたが、二期生はエネルギーや地域に関心のある学生が集まっているので、もっと多摩電力の事業そのものにも関わってもらう予定です。このプログラムを、地域の新しいコミュニケーションの場にしていければいいと思っています」

こうしたプログラムを体験した学生が、かならずしも多摩に住んだり、エネルギーを仕事にするわけではありません。それでもこのプログラムに関わる大人たちは、彼らがいずれ自分の地域に目を向けて、地域やエネルギーに取り組むようになってくれればいいと願っています。多摩の取り組みのおもしろさは、若者たちにとっていい経験になっているというだけでなく、関わっている地域の大人たちがすごく楽しそうにしているところにあります。エネルギーを切り口にしながらいろいろな世代が関わって地域を盛り上げる。そんなコミュニティの新しい形が、多摩に生まれています。

一軒の屋根から広がった「相乗りくん」——上田

小田原と宝塚の例からは行政と市民との関係性を、石徹白と多摩の例からは田舎と都会の長所と短所、可能性などを紹介しました。最後は、地域によって適正な規模がいろいろあることを学べる例を二つ紹介します。

まずは長野県北東部の上田市です。長野では南部の飯田市が一〇年以上前から地域ぐるみで取り組んできた例を紹介しましたが、ほかの地域でも豊富なエネルギー資源を活かした取り組みが増えてきました。上田市で「NPO法人上田市民エネルギー」が発案した「相乗《あいの》りくん」は、一軒の屋根からはじめた小さなものでしたが、それが長野県をはじめ全国に広がろうとしています。

「『上田の特産物は太陽光だ!』って言えるようになりたいですね」

そう言ってほほえむのは、柔らかな雰囲気をたたえる上田市民エネルギーの代表理事、藤川まゆみさんです。3・11の震災がおきたときには、お寿司屋さんでパートをしていたという藤川さんは、「三年前には、自分がエネルギーを仕事にしているなんて想像もできませんでしたね」と語ります。

上田市民エネルギーの藤川まゆみさん

上田市にはかつて養蚕《ようさん》をしていた農家が多く、大きな屋根が使われずに空いていました。ソーラーパネルを屋根に置いた場合、その家庭の全電力をまかなってもスペースが余るほど大きいのです。しかも上田市は、全国でも日照時間にめぐまれているというだけでなく、雪も少なく、太陽光発電には有利な地域です。さらにソーラーパネルは気温が高くなりすぎると発電効率が落ちるパネルの温度があまり高くならないというのですが、上田市は夏でも朝晩は気温が下がり、理想的な条件がそろっていました。

そこで、上田市民エネルギーでは屋根の持ち主がソーラーパネルを設置する際、余るスペースを活用するために、一口一〇万円から設置費用を負担して、追加分のパネルを相乗りさせる参加者を募集することにしました。「相乗りくん」では、屋根を貸す家の所有者を「屋根オーナー」と呼び、設置費用を出して自分のパネルを相乗りさせる人を「パネルオーナー」と呼んでいます。

「屋根オーナー」は、ソーラーパネルの容量が増えることで初期費用を安く抑えることができます。また「パネルオーナー」になる人たちは、自宅の屋根には条件が合わず設置できなくても、太陽光発電に参加することができるうえに、一〇年間で設置費用額よりも一割ほど多くの売電収入を得ることができるという、どちらにもメリットのあるプロジェクトになっています(*)。そして、両者が協力した結果として、地域に自然エネルギーが増えることになります。

上田市在住の中村亜季《あき》さんは、パネルオーナーです。生協が主催したマネー講座に参加したことをきっかけに、自分のお金の使い道について考えるようになったと言います。

「それまでなんとなく原発はイヤだなと思っていたのですが、当時はうちは賃貸《ちんたい》住宅だったこともあり、具体的にどう関わればいいかわかりませんでした。でも、藤川さんたちがこういう活動をしていることを知って、自分のお金が活かせたらと思って五〇万円分を相乗りさせました。銀行に預けていても、その先でどう使われているのかわからないじゃないですか。何に使われているかが実感できるというのがうれしいですね」

ちなみに、利益として入ってくるお金は月々の電気代くらいにはなっていて、得した気分だと言います。

屋根オーナーの尾沼誠司《おぬませいじ》さんは、上田のねぷた祭りのイラストなども描いているデザイナーです。最近では、上田で大人気のご当地ヒーローのキャラクターデザインも手がけています。

尾沼さんが藤川さんと知りあったのは、上田市民エネルギーが立ち上がるずっと前のことです。地元の幼稚園の父母会でいっしょになって以来、長年つながっていました。子ども向けのヒーローショーを父母会が手作りでおこない、キャラクターデザインを尾沼さんが手がけ、人前に出るのが得意な藤川さんがそのコスチュームを着て悪役を演じたこともありました。そんな彼女が相乗りくんをはじめたと聞いて、それまで興味のなかった自然エネルギーに関心をもったと言います。

「当初は自然エネルギーには興味がありませんでした。うちには、太陽光をつけませんかっていう営業がたくさんきていましたが、めんどうだから全部断っていたんです。でも、藤川さんがはじめたというのは大きかったですね。話を聞いてみると、ただうちが自分たちのために設置するだけじゃない広がりが出ることがわかり、見積もりをお願いしたんです。設置費用も思っていたよりかなり安かったし、八・四キロワットのパネルを設置して以降、予想以上に発電してくれていますよ。なにより、ほかの人の分も載っているというのはおもしろいじゃないですか」

人はコスト意識や環境意識だけで動くわけではありません。ご当地電力のような活動は、ふつうのビジネス以上に「あの人が言うならやってみよう」という信頼関係やネットワークが大切です。上田の場合は、藤川さんの人柄や日頃からのネットワークが、まさに多くの人をつなげていったのです（本章扉写真）。

二〇一一年末からはじまった「相乗りくん」は、パネルオーナーからのお金が集まった分だけ設置するという方式で、ゆっくりと地域に広まっていきました。二〇一四年九月現在、相乗りくんを通して広まった太陽光発電は戸建て住宅や集合住宅など二二軒、合計一七三・五一キロワットの発電をおこなっています。これは一般家庭ではおよそ四五世帯分の電力にあたります。

小さな取り組みとは言っても、誰もやったことのないビジネスを軌道に乗せるのは簡単なことではありません。ビジネスなどやったことのなかった藤川さんは当初、「なんでこんなにたくさんハードルがあるのかな」と日々、思い悩んだと言います。

それでも地域の特性を活かして、誰もが参加できるようなシステムをつくったことで、

「相乗りくん」はほかの地域からも注目を集めるプロジェクトへと成長していきます。そして二〇一四年三月からは長野県からの委託を受けて、「相乗りくん」の手法を他の地域に広げるための事業をはじめることになりました。「一般社団法人自然エネルギー共同設置推進機構(NECO)」と名づけられたその事業は、新たに四名のスタッフを迎えて働きかけをすすめています。

藤川さんは、ほかの地域でやるのなら自分たちが出張するのではなく、主体はあくまで地域の人たちがやるべきだと考えています。

「相乗りくんがここまで成長できたのは、自分たちの地元である上田だったからです。それで地域のいろいろな分野の方々が協力してくれました。だから、地域で市民が自然エネルギーを広げていくには、地域が主体にならないといけないのです。でも、自然エネルギー事業はまだまだサポートが必要な取り組みですから、そこを私たちがお手伝いする、というのが今回のプロジェクトの主旨《しゅし》になります」

ぼくが上田市民エネルギーの活動を見ていて一番すてきだなと思うところは、等身大で活動していることです。規模が小さいので、この長野県との事業がはじまるまでの三年間は、専従《せんじゅう》スタッフは藤川さん一人でした。藤川さん自身は大変だったとは思いますが、一方で組織の足下がしっかりしていないうちから専従スタッフを大勢雇ったり、大きな設備をつくってしまうと、クリアしなければならない課題はより多くなり、挫折《ざせつ》する可能性が高まります。「相乗りくん」を立ち上げたメンバーは、「まずは一軒でいいから、集まったお金の分だけ設置しよう」というところからスタートしています。背伸びせず、身の丈《たけ》にあった小さなプロジェクトだったことが、いまの成長につながっているのです。

＊売電収入は発電量によって変動するため、金額が保障されているわけではない。しかし、上田市民エネルギーでは、事業開始からパネルオーナーに見込みどおりの売電収入を支払っている。

過疎地の危機を救う「コミュニティハッピーソーラー」――徳島

上田市民エネルギーとは対照的に、はじめから大規模設備を導入してきたのが、四国の徳島県で活動する一般社団法人徳島地域エネルギーの取り組みです。

組織ができたのは二〇一二年ですが、驚いたのが手がけた太陽光発電事業の規模の大きさでした。二〇一四年九月現在、稼働中、もしくは今年度稼働予定の設備は、徳島県内各地に二〇カ所、合計出力が一三メガワット（一三〇〇〇キロワット）です。生み出しているのは一般家庭で約四〇〇〇世帯分以上の電力になり、3・11以降に誕生した地域発のエネルギー事業ではダントツの発電量です。

でも、そのすべての設備を徳島地域エネルギーが所有しているわけではありません。ほとんどのケースでは、自治体や地元企業、地域のＮＰＯなど地域ごとに事業主体があって、徳島地域エネルギーは専門家としてアドバイスをしたり、ノウハウを提供するという立場で関わっています。エネルギーの専門家でもない市民たちが立ち上げた徳島地域エネルギーに、行政や企業からつぎつぎと相談が来る背景には、徳島の各自治体がかかえている課題があります。

全国の過疎地と同様、徳島の多くの自治体でも人口が減りつづけています。自治体は、かつては都会から大企業の工場を誘致《ゆうち》してきて雇用を増やすというような政策をとっていましたが、いまではそれもどんどん撤退《てったい》している状態です。そこで都市部の大企業などと組んでメガソーラーを設置したりしていますが、それでは利益がほとんど地域に残りません。いままでのような、都会の大企業に依存するスタイルでは、地域は衰退していくばかりです。

でも、いままでのやり方しか知らない地域のリーダーの多くは、危機感はあってもどうしていいかわからないというのが実情です。徳島地域エネルギーは、自然エネルギーを使って収益を地域に還元《かんげん》する新しいモデルを提示して、そうした自治体のニーズに応えてきました。モデルの一つが「コミュニティハッピーソーラー」です。

これは、金融機関や自治体の資金だけでなく、寄付金を加えて太陽光発電設備を設置するというものです。でも、単なる寄付ではありません。売電で得た収益は地域のために役立てることに加えて、発電が順調な場合は寄付してくれた人に見返りとしてその地域の特産品を送ります。この仕組みを初めて手がけたのは、二〇一四年三月に稼働をはじめた「佐那河内《さなごうち》みつばちソーラー発電所」(出力一二〇キロワット)でした。徳島地域エネルギーが事業者となったこの発電所は、人口三〇〇〇人ほどの佐那河内村の村有地に設置されたものです。

総事業費の約三七〇〇万円のうち、三〇〇万円を寄付金でまかないました。寄付金は一口一万円で三〇〇口募集したところ、県民を中心に二カ月で目標を達成しました。寄付した人には、発電の状況に応じて佐那河内村の特産品であるキウイやイチゴ、スダチなどが五年間にわたって届くことになります。この仕組みでは、諸経費を除いた売電収入のすべてが村の地域振興の財源として村に還元されます。そして特産品を地域から購入することで、地域の産業を応援することにもつながるのです。

佐那河内村の発電所をバックに、徳島地域エネルギーのスタッフと豊岡和美さん（中央）

佐那河内村には、国と民間企業が建設した一五基の風車が二〇〇八年から稼働しています。しかし、村への収益は固定資産税が入るだけで、直接的なメリットはほとんどありません。逆にコミュニティハッピーソーラーは、発電量はずっと小さくても、村の財政や産業振興に結びついています。同じ自然エネルギー設備といっても、村にとってはまるでちがう意味があるのです。

この仕組みを考えた、徳島地域エネルギーの豊岡《とよおか》和美《かずみ》さんは言います。

「自然エネルギーではほとんど雇用は生まれないと言う人がいますが、それはちがいます。仕組みのつくり方によって地域還元をすることができるのです。そうした仕組みを活かして、それぞれの地域が食べていけるようにしていきたいと思います。そうなればもっと地方が元気になって、分散型の社会が実現できるはずです」

コミュニティハッピーソーラーの仕組みは評判となり、県内各地のさまざまな自治体や企業から声がかかり、急速なスピードで広がっています。

この活動を引っぱってきた豊岡さんの原点には、一九九〇年代後半から長くたずさわってきた吉野川の可動堰《かどうぜき》反対運動がありました(＊)。環境問題や税金の無駄づかいが争点となったこの運動は盛り上がり、住民投票を経て、二〇一〇年には当時の国土交通大臣が建設中止を宣言しました。反対運動には勝利した豊岡さんたちでしたが、体力的にも精神的にも疲れきってしまいました。

そして、大変な労力と時間をかけて無駄な公共事業の一つを止めても、「地域への経済効果」という名のもとに、似たような計画が次々と計画されてくるという構造の問題に気づきます。それを全部反対運動で止めるのは不可能です。豊岡さんは、「反対運動とはちがう方法で地域再生ができないか」と探りました。それが、自然エネルギーへの取り組みにつながったのです。豊岡さんは言います。

「地域が自分たち自身で経済を回していく仕組みをつくらなければ、地方はいつまでたっても中央の食い物にされてしまいます。放射性廃棄物の受け入れ問題などはその象徴です。だから、いわゆる市民運動や反対運動のやり方ではなく、関わる人みんなにメリットがあり、長くつづけていくことのできる仕組みをつくろうという思いでやってきました」

当初、発電設備の大きさには驚かされましたが、それより重要なのは、それぞれの設備が地域に根づいて地元のメリットになる形で運営されているという点です。地域の危機感を力に換えて、ダイナミックに展開している徳島地域エネルギーの取り組みは、ほかの過疎地域のモデルになっていくのではないでしょうか。

＊高知県と徳島県を流れる吉野川で、国土交通省が石積みの「第十堰」をコンクリートの「可動堰」に造り変える計画を発表。工事費は一〇〇〇億円以上で、周辺の環境に与える悪影響も懸念された。計画が具体化された一九九〇年代後半からこれに反対する住民運動が立ち上がり、紆余曲折を経て二〇〇〇年に徳島市で住民投票が実現する。投票率は五五％で、内訳は反対意見が圧倒的多数の九一％だった。運動はその後もつづき、二〇一〇年には当時の国土交通大臣による可動堰中止宣言が出されている。

第6章

ご当地電力ネットワークでエネルギーシフト！

佐藤彌右衛門さんは、ご当地電力会社の先輩であるドイツのシェーナウ電力から「電力革命児賞」を受賞。その祝賀会が大和川酒造でおこなわれた(2014年8月)

ご当地電力のネットワークができた

ここまで、個性豊かなご当地電力が活躍するようすを紹介してきました。そしていま、それぞれのご当地電力が連携する動きがさかんになっています。この章では、そうしたご当地電力のネットワークと、日本のエネルギーシステムのこれからについて考えていきます。

多数のご当地電力が参加するネットワークの一つが、二〇一四年五月に誕生した「全国ご当地エネルギー協会」です。代表幹事には、会津電力の佐藤彌右衛門さんが選ばれました。この協会には、この本でとりあげたご当地電力の多くを含めて、全国約四〇の団体が加盟しています。設立のきっかけは、第４章でとりあげた福島での「コミュニティパワー国際会議」に集った人々が、幅広く連携する必要を感じたことにありました(＊)。自然エネルギー関係のネットワーク団体はこれまでにもありましたが、地域にベースを置く団体の全国ネットワークとしては、日本で初めてのものになります。

参加している多くの組織は立ち上がったばかりで、行政や電力会社とのやりとり、お金や土地、人材育成をどうするのかといった、いくつもの課題をかかえています。そこで、情報

全国ご当地エネルギー協会の設立イベント。全国で活躍するご当地電力の中心メンバーが集う

交換をおこないながら、協力して共通の課題を乗り越えようとしているのです。課題の中には、地域レベルで対応できる問題だけでなく、国の政策や大手電力会社の姿勢もからんできます。そうした大きな問題に、個別に動くのではなく全国で連携して声をあげていこうという狙いもあります。

課題の一つには、この数年で増えた自然エネルギーのほとんどが太陽光発電にかたよっているということがあげられます。この本で紹介してきたご当地電力の設備も、そのほとんどが太陽光発電であったことに気づいた人もいるかもしれません。自然エネルギーは本来、同じ種類ばかりを増やすのではなく、さまざまな種類をバランスよく使っていくことで補い合えるものです。しかし、いまの日本で自然エネルギーを取り巻く環境や制度を考えると、地域レベルですぐに実現できる設備は、太陽光発電くらいしかないのが現状です。風力や小水力は手続きや調査、権利の取得までにたいへんな時間とお金がかかってしまいます。森林を活用するバイオマスについては、エネルギーの問題をこえて林業や製材業の課題など、いくつものハードルがあります。

会社を立ち上げたばかりのご当地電力にとっては、こうした壁をクリアするのは簡単ではありません。全国ご当地エネルギー協会では、そういった問題点をシェアをしながら、解決策やアイデアを出しあっていこうとしているのです。

環境エネルギー政策研究所(ISEP)所長で、全国ご当地エネルギー協会事務総長の飯田哲也さんは、設立にあたってこのように宣言しています。

「いま世界レベルで自然エネルギーが躍進《やくしん》しています。その原動力は、それぞれの地域で無数の協同組合や企業、NGOなどに関わる人たちがおこしてきた行動です。大規模集中型のエネルギーシステムから、小規模分散型で、地域が自立できるシステムへの転換は、震災後の日本でもすでに動きはじめています。この全国ご当地エネルギー協会を、みなさんとつくりあげて、日本社会の方向性を変えていくくらいの活動にしていきたいと思います」

＊「コミュニティパワー国際会議in福島」の最後に出された「福島コミュニティパワー宣言」で、ご当地電力のネットワーク組織をつくることが決められた。

エネルギーの生産者と消費者をつなげたい

全国ご当地エネルギー協会には、パルシステムや生活クラブといった生活協同組合も名を連《つら》ねています。これらの生協は、ご当地電力とはまたちがったスタイルでエネルギー事業をすでにはじめています。

パルシステムは、すでに新電力と呼ばれるＰＰＳ(特定規模電気事業者)を立ち上げています。ＰＰＳとは、大手の電力会社とは別に電力を扱い、販売している会社のことです。いまは個別の家庭には販売できませんが、大口の企業や自治体などには売ることができるようになっています。扱う電力の量は全体から見ればまだごく一部ですが、企業や自治体によっては、東京電力からではなくＰＰＳから電気を買いたいというところも増えてきました。生活クラブも、二〇一四年度中にＰＰＳの登録をする予定です。

なぜ生協が電力を扱うようになったのでしょうか？　生協は、組合員が選んだ安全な食品を、生産者から協同購入する組織です。それがこんどはエネルギーも、原発からの電気ではなく、自ら選び取る仕組みをつくろうとしていることは、自然の流れなのかもしれません。どの生協も、食の分野で生産者と深く結びついて消費者に届けるということをしてきました。エネルギーについても、ご当地電力のような全国のエネルギー生産者と、自然エネルギーの電気を使いたいと考える消費者をつなげる役割をになおうとしているのです。たとえば今後は、あなたが会津電力から自然エネルギーでつくった電気を買いたいと思ったら、直接契約して買うことのできる仕組みが、生協を通じて可能になるかもしれません。

ただ、それがうまくいくかどうかは現在、国レベルでの議論がすすんでいる「電力システ

生活クラブが運営する秋田県にかほ市の風車「夢風」（提供：生活クラブ生協）

ム改革」のゆくえにかかっています。日本のエネルギーシステムはとても効率が悪いことは触れましたが、原発事故の影響などを受けて、ようやく電力システムを見直そうという議論が省庁と専門家を中心にはじまっています。

電力システム改革に関わる話はとても複雑でわかりにくいのですが、ここではポイントとなる二つの制度についておおまかに説明します。一つは、二〇一六年をメドにおこなわれる「電力自由化」です。そしてもう一つが、二〇一八年以降に実施するとしている「発送電分離」です。もちろん、これさえできれば日本のエネルギーシステムが変わるというわけではありませんが、「電力自由化」と「発送電分離」がヨーロッパのエネルギーシフトに大きく貢献したことはまちがいありません。

「電力自由化」でどうなるのか

「電力自由化」とは何でしょうか？　いまは一般の家庭では自分のエリアにある一つの電力会社としか契約ができないようになっているのですが、それが解放されてどこの電力会社とも自由に契約できることになるというものです。これがきちんと機能すれば、自分が好きなど当地電力とも契約できるようになる可能性があります。

実際に、電力自由化がすすんでいるドイツでは、約九〇〇もの電力会社の中から市民が自由に契約先を選べるようになっています。そしてそこでは、地域住民がつくったご当地電力会社もたくさん活躍しているのです。自由化が実現すれば、戦後の日本であたりまえとされてきた電力会社による地域独占が、大きく変わります。

電力会社側は長年、「電力自由化をすると安定供給ができなくなる」と言って反対してきました。これは、地域独占で責任をもってやっているから停電などのトラブルをほとんどおこさなかったということです。でも、すでに一〇年以上前に自由化をしたヨーロッパでは、自由化後に停電が増えたという事実はありません。

スウェーデンのエネルギー庁長官をしていたトーマス・コーベリエルさんは、電力自由化をすすめたキーパーソンの一人です。ぼくがインタビューをした際、彼はこう言いました。

「北欧ではむしろ、自由化をした後のほうが安定的に電力を供給することができました。確かに当時は、世界でどこもやっていなかったので、電力が不安定になるという心配をする人がいました。でも、いまではヨーロッパで十分できたという実績があります。日本はこうした先行事例を参考に、より早くエネルギーシフトを実現してほしいと思います」

自由化により、たくさんの新しい事業者が電力業界に参入しても大きなトラブルがおきなかった理由は、公平性と透明性を確保するしっかりとした制度をつくったからです。まず、圧倒的な資金やノウハウをもつ大手電力会社とくらべて、何もないところからスタートした新しい電力会社が不利にならないよう、公平なシステムをつくりました。

ヨーロッパ連合(EU)は、どの組織からも独立した強い権限をもつ規制機関を設立したのです。日本でエネルギーの話をすると、たいていは規制をなくす「規制緩和」の話ばかりがされていますが、単に規制をなくせばよいというものではなく、一部の会社だけの利権が生まれないように強化するという面も必要になるのです。

スウェーデンの元エネルギー庁長官トーマス・コーベリエルさん

また誰もが必要な情報にすぐアクセスできるなど、徹底的な情報公開をおこなったことも、不正がおこりにくい体制づくりにつながりました。

ヨーロッパでは、一般市民が誰でも電力についてのほとんどの情報にアクセスすることができます。いま、どの地域の電気はいくらで、明日は高くなるかどうか予測して、売り買いすることもできます。

それはオープンで透明な電力システムができあがっているから実現できたことです。こうしたシステムのもとで、しっかりと電力を供給しなければ会社の信用が落ちてつぶれてしまうので、各社はけんめいに調整したのです。結果として電力自由化以前よりも安定するようになりました。

日本ではこれまで、電力会社はほとんどの情報を外に出してきませんでした。いままではそれがあたりまえだったのですが、これからはそれを変えていく必要が出てくるでしょう。

最大のポイントは「発送電分離」

公平性や透明性をどう確保するか、ということに関わるもっとも大切なポイントが、二つ目にあげた「発送電分離」です。日本ではこれまで発電から送電、配電(各家庭に届けること)まで同じ会社がになっていました。そのため、いま日本全国に張りめぐらされている送電網は、そのエリアの電力会社が所有しています。

現在も、ＰＰＳなど新しい会社が電力供給をはじめていますが、電気をどこかに売るときは、既存《きそん》の電力会社にお金を払って、送電線を使わせてもらうという形になっています。この料金を「託送料金《たくそうりょうきん》」と言います。電力会社にとってＰＰＳはライバルですから、あまり安く電気を販売されると自分たちのお客さんが減ってしまいます。そこで、従来は割高な料金をとってきました。そのような理由もあって、いまある二〇〇社近いＰＰＳが扱う電力を全部あわせても、扱う電力の割合は日本全体の四・五％程度（二〇一三年時点）にとどまっているのです。

もちろん電力会社側は「不当に託送料金を上げています」などという説明はしませんが、情報公開がされないので価格の根拠が正しいかどうかという検証ができません。ちなみに、アメリカの主要な電力会社の託送料金の平均は、日本の五分の一以下です（＊）（図８）。電力会社が送電網を握るという仕組みが維持されつづけるかぎり、もし自由化をして新しいＰＰＳが増えても、大手が圧倒的に有利な状況は変わりません。

また、二〇一二年からはじまったＦＩＴ（再生可能エネルギー固定価格買取）制度では、自然エネルギーでつくった電気を優先的に送電網につなぐことが法律で決められているのです

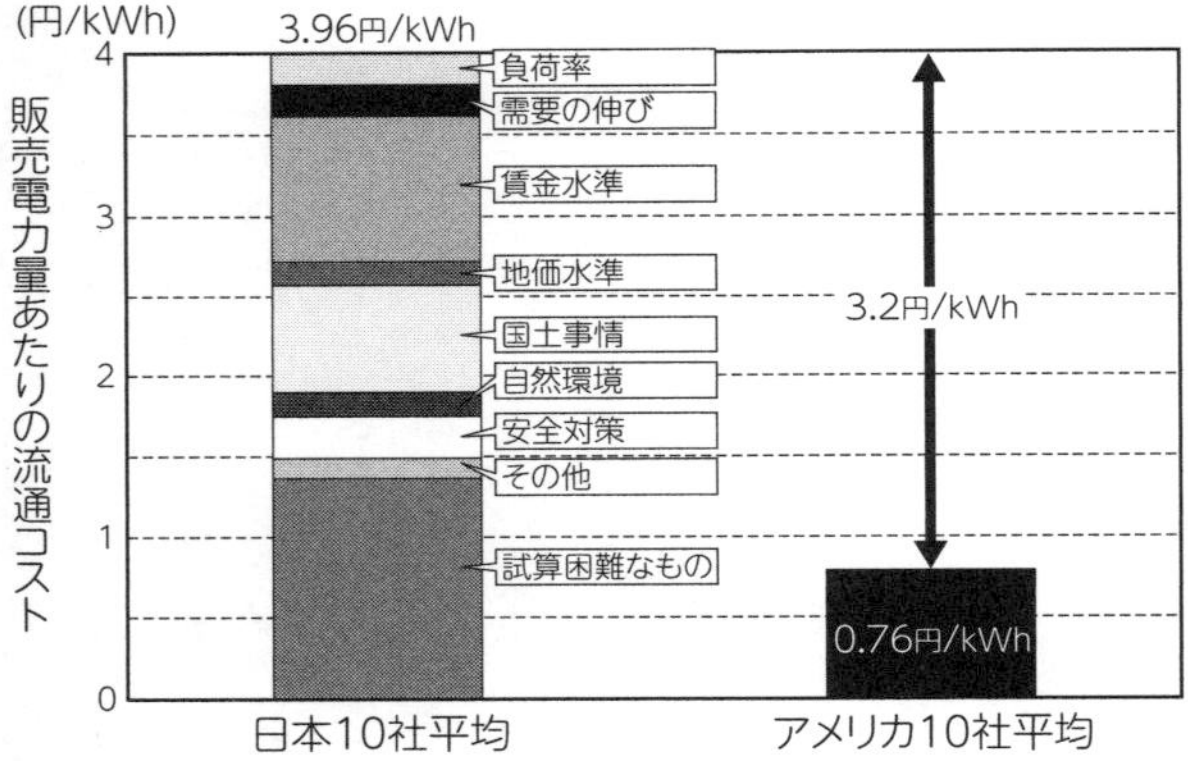

図８　日米の託送料金の違い

が、じっさいには電力会社が接続を拒否する例も出ています。電力会社は「天気に左右される自然エネルギーの電力は不安定なので、それほど多くは送電網に流せない」と言います。しかし、情報公開がされないため、それがほんとうの理由なのかどうかもわからないのです。

ほんとうに送電網の容量が足りないのであれば、もっと多くの電力を効率よく流せるよう、送電網を強化するという方向で議論をしていく必要があるでしょう。ただ、ヨーロッパでは自然エネルギーで電力の三〇％程度をまかなっても十分やっていけています。たとえばドイツでは二〇一四年の前半では二八・五％の電力を自然エネルギーでまかないましたが、安定した電力供給をつづけているのです。日本では自然エネルギーの普及率はまだ二％や三％程度です。それでもう送電網に入れられないと言うのはおかしなことです。ちなみにドイツでも、かつては電力会社が「自然エネルギーを送電網につなげるのは五％まで」などと言っていました。

ＥＵに加盟している国では、ほとんど発送電分離がされています。そこで共有されているのは、送電網は車が通る高速道路と同じように、みんなが使える電気の道として、中立な組織が管理するのがいいという発想です。「発送電分離」がきちんとおこなわれ、送電会社が自然エネルギーを活用する方向で動けば、大手電力会社だけが送電網を握ることでおきているさまざまな問題を、解決することにつながります。

ちなみに二〇一四年九月には、九州電力をはじめ五つの電力会社が今後は送電網に自然エネルギーの接続をしばらく見合わせることを発表し、自然エネルギー業界に大きなショックを与えました。こうした事態は、本質的には大規模集中型の古いエネルギーシステムを維持したまま、表向きだけ自然エネルギーを増やしたためにその矛盾があらわれているものだと言えます。ＦＩＴという制度は、これまで採算があわなかった自然エネルギーの価格を見直し、政府が保証することで採算があうようにした制度です。でもこの制度だけでは、単に価格が高いうちは導入が増え、価格が下がれば終わりということになりかねません。ドイツや北欧がそうだったように、本気で自然エネルギーを増やそうとするなら、発送電分離などFITと同時期に変更しなくてはいけないことがたくさんあるのです。小手先の改革ではなく、いまこそエネルギーシステムを根本的に見直すときです。

＊日本の電力会社一〇社の平均の託送料金は、一キロワット時あたり三・九六円。アメリカの一〇社の平均は、〇・七六円(二〇一二年二月に総合資源エネルギー調査会基本問題委員会に提出されたエネットの資料より)。キロワット時という単位は、一時間にその電力が流れることをしめす値。

国や電力会社の動きに注目する

では、日本の「発送電分離」をめぐる議論はどうなっているのでしょうか？　二〇一四年九月現在は、ヨーロッパのような完全な分離をするという話にはなっていません。従来の電力会社の枠組みの中で、法的に会社を発電会社と送電会社に分けるというような、いってみれば形式だけの分離になるという話が主流になっています。

さらに二〇一四年八月二一日には、電力システムを管轄する経済産業省の会議の中で、とんでもない制度の提案もされました。これまで大手電力会社には、発電事業をしたり、発電設備をつくれば、かならず利益が出ることが保証されていました。しかし電力自由化にともなって、その制度が廃止されることになります。独占ではなく、自由競争をしようというのだから、あたりまえのことです。

でも、その代わりとして経産省は、電力会社がぜったいに損をしないよう、政府が原発の電気料金の価格を保証する提案をしようというのです。原発を持っていない新規の業者の電力価格は保証されないので、これではとても公平な自由競争などできません。こんな政策をとっているようでは、政府は本気で自然エネルギーを増やす気はないのだと思われても仕方ないかもしれません(＊)。

いままで利権を握っていた人たちは、それを手放したくないので必死に抵抗しています。終わってみたら改革は見かけだけで、実際は利権構造がそのまま残るという制度になるかもしれません。だからこそ、多くの人がエネルギーに関心をもち、政府や電力会社が何をやっているか注目していくことが大切です。そして、おかしいと思えば声を上げるべきでしょう。

そういった面でも、自然エネルギーに取り組む人が増えたことは重要です。実際に既存の電力会社とやりとりをする際、必要なデータを出さなかったり、出したものが不十分だったりと、いろいろな問題点が指摘されるようになってきました。以前はみんなが無関心だったので、おかしなことがおこなわれていても、それがおかしいということさえ誰も気がつかなかったのです。ご当地電力が各地に増えることは、不正がおこりにくい社会をつくる第一歩になるのです。

＊こうした制度が提案されるということは、国や電力会社が長年宣伝していた「原発は経済的」という言葉が事実ではなかったことの証明でもある。ちなみにスウェーデンでは、原発にかかる経費や事故の際の負担に対して政府がいっさい補助しないと決めて以降、新規の原発建設計画はなくなった。

第7章

はじめよう！
一人一人にできること

「ソーラー・ブドウカン」で熱唱する佐藤タイジさん（提供：佐藤タイジ）

高校生が世界につないだ太陽光

ぼくたちとエネルギーとの関係を変えていっているご当地電力について話してきました。最後の章では、もっと身近なレベルでエネルギーに向きあい、実践している人たちをとりあげながら、一人一人に何ができるのかについて考えていきます。

まず紹介するのが、高校生が途上国へ手作りソーラーパネルを届けた活動です。自然エネルギーはそれほど複雑な仕組みではありません。また小さなものから役立てることができるので、高校生でも十分におもしろいことができるのです。

世界に飛び出してそれを証明してみせたのは、山形県の東根《ひがしね》工業高校の生徒たちです。その高校で手作りソーラーパネルを扱うようになったのは、二〇〇八年のことです。学校創立六〇周年の記念事業として、全校生徒でソーラーパネルをつくり、学校の電力の一部をまかなおうというものでした。その学校行事は、ある学生との出会いによって思わぬ方向に進化していきます。プロジェクトを担当した庄司洋一《しょうじよういち》先生は、このように言います。

「パネルづくりには、授業で学習していることがじっさいに社会の役に立つことを実感してもらいたいという狙いがありました。それが海外にパネルを持っていく活動につながったのですが、それをやろうと動いたのは学校側ではなく、生徒会が中心でした」

ちょうど生徒たちがソーラーパネルを製作していたのと同じ時期に、モンゴルから留学してきた女子大生と交流する機会がありました。そこでモンゴルの学生はこう語ります。

「モンゴルでは大気汚染の問題が深刻です。私は日本で勉強して、環境問題の解決につなげるなど、祖国の発展に貢献したいと思います」

生徒たちは、同世代の彼女の高い志に刺激を受け、自分たちにも何かできないかと考えました。それが深刻な電力不足に悩むモンゴルやバングラデシュに、ソーラーパネルや、その技術を届けようというプロジェクトへと発展していったのです。そして、学校の教師や親など大人たちからの熱心なサポートを受けて、モンゴルとバングラデシュにそれぞれ三回ずつ訪れることになりました。

二〇一一年の夏にモンゴルを訪れた武田彩花《あやか》さんは、このモンゴルの大学生の話を聞き、モンゴル行きを希望した一人です。武田さんが所属していた学科では、ソーラーパネルを扱っていませんでした。モンゴルに行くことになってからあわてて学びはじめたので、知識が足りずに苦労をしました。でも、モンゴルを訪れて受けた大歓迎と、雄大な草原で見た星空の美しさは、その苦労をすべて吹き飛ばすものだったと、彩花さんは言います。

「みんな笑顔で、拍手で迎えてくれたのが、すごくうれしかったです。国ごとにいろいろなちがいはあるけれど、伝えたいという気持ちがあれば伝わるんだなと感じました。私たちが持っていった太陽光発電システムが光を灯《とも》しつづけるかぎり、モンゴルと私たちはつながっているんだと感じています」

持っていったソーラーパネルは、モンゴルの高校の屋上や、ゲルと呼ばれる遊牧民の移動式テントに設置しました。遊牧民の生活は多くの電力を必要としないので、照明やテレビに使う程度であれば一枚の手作りパネルで十分に役立ちました。

二〇一一年の冬にバングラデシュを訪れた、電子システム科の鈴木健太さんは、もともと部活動でソーラーパネルを製作していました。バングラデシュでのプロジェクトは、単に設置するだけでなく、現地のエンジニアがメンテナンスをおこなえるようにトレーニングも実施するという新しい試みでした。健太さんは、現地支援をつづけてきた日本のNGOと協力して、すでに設置してある太陽光発電システムの増設や、エンジニアを対象としたワークショップを実施するなど、技術支援をおこないました。また、彼は電気が届かない無電化地区でも活動をしました。健太さんは言います。

バングラデシュでソーラーパネルを設置する生徒たち（提供：村山産業高校）

「現地の人が自分の話を真剣に聞いて、作業を手伝ってくれました。すごく緊張しましたが、授業では習えない部分が多くて新鮮でした。いろいろな人が協力することで、大きな活動につながることを実感しています。今後も途上国で電気を普及させる手伝いができればいいですね」

健太さんは、将来は自然エネルギーを手がける技術者の道にすすみたいと考えています。

東根工業高校では、ソーラーパネルを学校に設置するだけではなく、生徒たちが自発的に動いたことで、国際貢献へとつなげました。また、その流れから生徒たちは東日本大震災の後、宮城県東松島市《ひがしまつしま》を中心にソーラーパネルを使った支援活動もおこないました。バングラデシュを訪れた鈴木健太さんも、東松島市で子どもたちを対象にソーラーパネルのつくり方を教える出前授業を実施しました。こうした積極的な行動が、自然エネルギーの可能性をさらに広げていくはずです。

東根工業高校は、二〇一四年度から新設された村山《むらやま》産業高校に統廃合されました。学校は変わりましたが、プロジェクトをになってきた庄司洋一先生は、今後も太陽光発電を活用した取り組みをつづけていきたいとしています(*)。

*東根工業高校の生徒や先生たちによる、自然エネルギーを活用した国際協力の取り組みは、二〇一四年に、『世界を照らす僕たちの手作り太陽電池パネル』(国際開発ジャーナル社)という書籍にまとめられている。

太陽の力で武道館ライブ!

日本武道館でのライブを、太陽光発電による電力だけでやろうとしたミュージシャンがいます。ロックバンド「シアターブルック」のボーカル&ギタリストである佐藤タイジさんは、およそ一年半の準備をして、二〇一二年一二月にライブを成功に導きました(本章扉写真)。

日本武道館は、ビートルズなど国内外の伝説的なアーティストがライブをおこなったことでも知られる、ミュージシャンあこがれの聖地です。収容人数は最大で約一万四〇〇〇人とされる大きな会場では、もちろんたくさんの電力を使います。なぜそんな大きなところで、太陽光ライブをやろうと思ったのでしょうか？

タイジさんにとってはじめての武道館ライブが決まったのは、3・11の震災前のことです。でも、そのすぐ後に原発事故がおこります。タイジさんは、社会全体でエネルギーをどうしようかと考えているときに、ふつうに電力をたくさん浪費するライブをやってもしかたないのではないかと考えました。

震災の直後、首都圏でも計画停電があいつぎます。プロ野球の試合は延長戦に時間制限が設けられ、コンサートを自粛するミュージシャンも増えました。でもタイジさんは「いま自分がやれることは音楽しかない」と信じ、電気を使わないアコースティックで演奏する復興支援ライブをつづけました。そんな中で「武道館は太陽光で」というアイデアを思いつき、ライブの名前を「THE SOLAR BUDOKAN(ザ・ソーラー・ブドウカン)」と決めたのです。

タイジさんは、自分の思いつきを周囲に伝えます。ところが、ほとんどの人は真剣にはとりあってくれませんでした。確かに、大規模なロックイベントはただでさえ大量の電気を使います。それを太陽光でまかなうとなると、多数のソーラーパネルと蓄電池が必要になります。

また、もしものときの予備電源も用意しないといけません。設備を調達するために莫大なお金がかかるうえに、手配にはさまざまな手続きも必要です。大きなスポンサーもいないのに、とてもそんなことができるとは思えないという意見が大半でした。

それでも、タイジさんは数人の仲間たちと動き出します。まず探したのが、電気を貯《た》める蓄電池でした。太陽光で発電した電気を蓄電しなければ、夜に開催されるライブの電力はまかなえません。かたっぱしから大手電機メーカーに協力のお願いにいきますが、「そんな大規模なものは前例がない」とか「お金がないのにできるわけがない」と、断られてしまいます。

大変さを実感しはじめたころに、ある大企業から一社独占ならスポンサーになってもいいという申し出がありました。タイジさんたちは悩みますが、最終的には断ります。たとえそのような形で実現しても、イベントそのものがその企業の宣伝で終わってしまうからです。タイジさんには、たくさんの企業や団体が参加することではじめて、この活動が意味をもち、そこから広まっていくのだという信念がありました。

そんなこだわりが、徐々に協力者を増やしていくことになります。岐阜県の蓄電池メーカーが声をかけてくれたことをきっかけに、蓄電池やソーラーパネルなどに関わる複数の企業が参加するようになっていきました。最終的にはさまざまなメーカーが提供してくれたソーラーパネルと蓄電池を組み合わせて、楽器やステージの電力をまかなう四〇〇キロワット分を確保できるようになりました。

照明は、植物からとったバイオディーゼル燃料を使って動かします。そして、会場の空調などで使用する電力は「グリーン電力証書」(*)を購入してまかないました。購入先は、飯田市のおひさま進歩エネルギーが設置した太陽光発電の電気です。いろいろな人がつながりあって太陽光ライブを実現するというタイジさんのイメージが、やっと形になったのです。

「これは、音楽はこんな形でもできるんだと証明する賛成運動です。反対運動をつづけていくのはかなり疲れるんだけど、こんなふうに、大変でも楽しければ長つづきするんだと感じることができました」とタイジさんは言います。


*自然エネルギー設備でつくられた電力の証書を購入することで、自然エネルギーを使用していると

みなす制度。その資金は実際に自然エネルギー設備で活用されることになる。電力の小売り自由化が実現すれば、自然エネルギーでつくられた電力を消費者が選んで契約できるようになるが、現在はそれができないため、別の選択肢を用意する目的でつくられた。ややわかりにくい仕組みに加えて、実際には従来の電力会社からの電気を使うことになるので、一部で批判されているのも確かだ。しかし、一般の人が自然エネルギーを利用する道を切り開いたという意味では評価すべき点も多い。

ソーラー・ブドウカンからはじまった変化

当日のライブには、タイジさんの呼びかけに賛同した加藤登紀子《ときこ》さん、吉川晃司《きっかわこうじ》さん、奥田民生《たみお》さん、藤井フミヤさん、斉藤和義《かずよし》さんら豪華メンバーがそろい、停電もおこることなく大成功をおさめます。最後には出演者全員で、シアターブルックの「ありったけの愛」という曲を熱唱しました。

「その上の太陽は、ありったけの愛だけでできていると思いませんか?」と問いかける「ありったけの愛」は、タイジさんが二〇年以上前につくった曲でしたが、まさにこのイベントのためにあるような歌詞だったので、THE SOLAR BUDOKAN のテーマ曲のような存在になりました。鳴り止まない拍手の中でタイジさんにこみあげてきたのは、大きなことをやりとげた感動ではなく、これを一度だけのイベントに終わらせてはいけないという思いだったと言います。

「３・11がおきて日本は大変なことになりました。だからこそぼくたちには、『３・11があったからこそ、ここまで来ることができた』と言えるポジティブな未来をつくっていく責任があるのです。やれることは全部やって、つづけていきたいですね」

そう語った彼の言葉通り、翌二〇一三年から二年つづけて岐阜県の中津川《なかつがわ》市で太陽光発電による野外ロックフェスティバルを開催し、これも大きな反響を呼びました。タイジさんのいまの夢は、日本中のロックイベントを太陽光の電力で実現することです。

タイジさんの活動でぼくがおもしろいと思うのは、ただ太陽光ライブをやったミュージシャンがいたということだけではありません。何もないところから「THE SOLAR BUDOKAN」という大きなイベントを成功させたことで、はじめは「できるわけないよ」とか「オマエどうかしてるんじゃないの?」と言っていたまわりの人たちが興味をもちはじめたことです。実際、タイジさんのところには「どうやったら自然エネルギーでライブができるの?」という相談が、ミュージシャン仲間やライブハウスから次々と舞いこむようにな

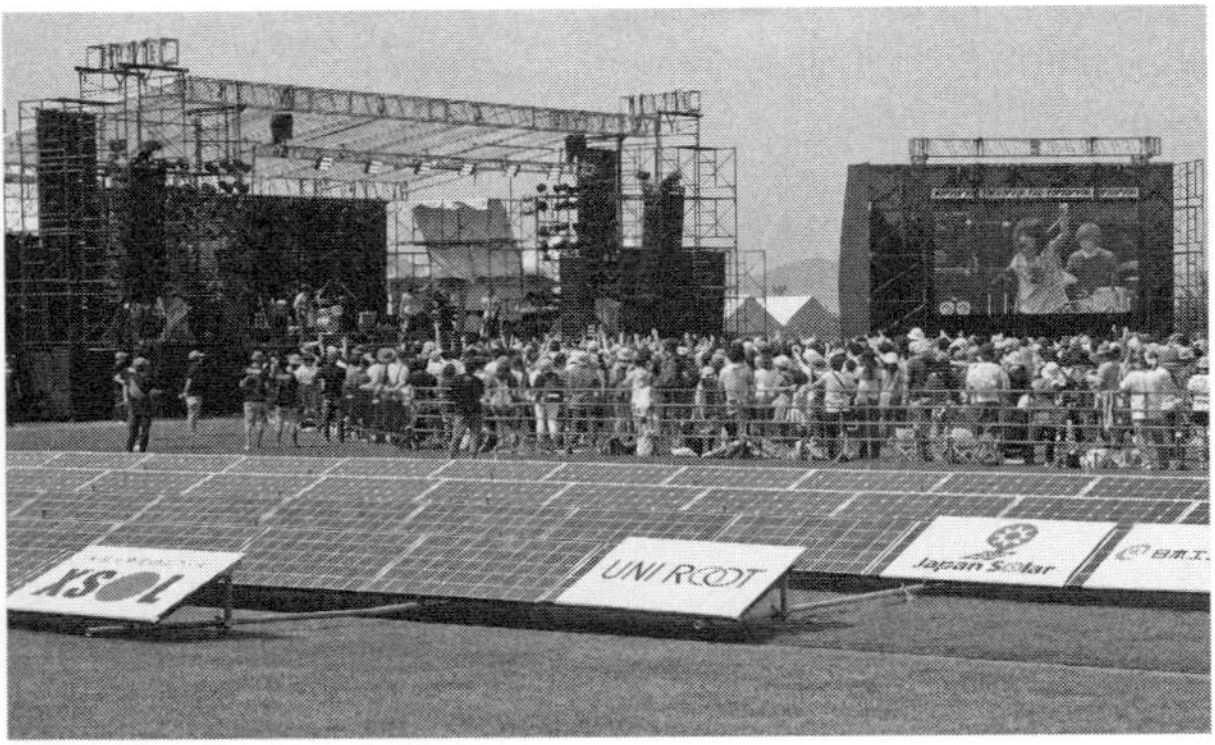

ソーラーパネルが並ぶ「ソーラー・ブドウカン in 中津川」の会場

りました。

はじまりは、たった一人のロックミュージシャンの思いつきです。当初、彼は太陽光発電についてほとんど何も知りませんでした。まったくのゼロから仲間を募り、思いを形にしていったのです。すばらしいのは、夢を語るだけではなく、行動に移したことです。そして、結果を出したことで、確実に変化が生まれました。

ぼくは、ご当地電力の取り組みも、タイジさんのライブと同じようなものだと思っています。地域でエネルギーに取り組んだり、関心をもつ人は、国民全体から見ればまだまだ少数派です。そしてその動きを見て「そんな小さな取り組みには意味がない」「実現できるわけない」と冷笑する人たちもたくさんいます。でも、いままで誰もやったことのないような取り組みを、誰にでもわかる形で実現させていくことができれば、説得力をもつようになるのです。

「できるわけがない」と思っていた人たちは、けっして何もしたくないわけではありません。いますでにあるシステムのほかに、選択肢があることを想像できないだけなのです。そうした人たちに働きかけるには、議論ではなく、じっさいに思いを形にしていくことしかありません。小さな結果を一つ一つ積み上げていくことが、人々の意識を変え、社会を動かしていく。タイジさんたちの取り組みも、そのことを証明しているように感じています。

知恵と創造力が、ぼくたちの未来を変える

「ほとんどすべてが大変です！　山を一つ乗り越えたら、すぐにもっと大きな課題が出てきます」

ぼくがこの数年、全国をめぐってエネルギーに関わる人たちにインタビューした数は、合計でおよそ三〇〇人以上。そんな人たちに「大変なことは何ですか？」と問いかけると、たいていの人が苦笑いしながら答えてくれるのが、この言葉でした。

でも「大変だ！　大変だ！」と言いながらも、みんなほんとうに活き活きとしていて、最高にやりがいを感じていることがビシビシと伝わってきます。そのような、自分のことより地域の将来のことを考えてがんばっているすてきな人たちとの出会いが、ぼくにこの本を書かせたと言ってもいいかもしれません。

そんな人たちの話には、ある共通したメッセージがありました。一言でいえば、「知恵と創造力で未来は変えることができる」ということです。リスクを冒《おか》しても新しいチャレンジをすることが、道を切り開き、よりよい未来をつくることにつながる。そのことを、身をもって教えてくれているように思うのです。

ご当地電力の取り組みは、これまで日本にはなかった産業を、何もないところからつくり出す試みです。だから、計画通りうまくいかないことが出てくるのはあたりまえ。中には、設立して数年でなくなってしまうご当地電力があるかもしれません。それでも、いままでのやり方、考え方にとらわれて「前例がないから」と、あきらめていては何も変わりません。

エネルギーの分野に限らず、日本ではこれまでつづけてきた社会システムが時代にあわなくなり、あちこちでうまくいかなくなってきています。そういうときに、「前例がない」から新しいことを何もしないのでは、社会は悪化していくばかりです。

ご当地電力がめざしているのは、国や大企業など中央に依存しきっていた地域社会に、力を取り戻すということです。そこには、自分たちは中央に依存しなければ生きていけない「無力な存在」ではないのだ、というメッセージが込められています。かつて山間部の人々が自分たちでお金を出しあって小水力発電を手がけていたように、ぼくたちには、自分たちで社会を選択し、地域をつくっていく力があります。

自分たちのことを自分たちで考えて決めるというのは、みんなが知っているはずの民主主義の基本的なルールですが、いまこの国でそれが機能している地域はほとんどありません。そんなときだからこそ、エネルギーを身近な存在に取り戻すことで、もう一度自分たちの暮らしや社会、地域を見つめなおそうという呼びかけが重要になってきています。

欧米では、「エネルギーを取り戻すことを通じて、民主主義を実現すること」を「エネルギー・デモクラシー」と呼んでいます。そして自然エネルギーは、エネルギー・デモクラシーを呼びこむための大切なツールなのです。知恵と創造力、そして地域の資源を駆使《くし》して、新しい現実を切り開いていくその挑戦は、まだはじまったばかり。この本を読んだみなさんは、その新しいチャレンジに積極的に関わっていってほしいと思います。ちなみに付録として、「エネルギーを賢く使うため、あなたにできる15のこと」を紹介しているので、それも参考にしてください。

ぼくはこの本では、ワクワクするような例をたくさん紹介してきました。でも、ぼくたちの前にはバラ色の未来が広がっているわけではありません。むしろ、巨大な災害や構造的な社会問題など、個人ではどうにもならない現実を前に、無力感にうちひしがれることのほうがはるかに多いように思います。その状況を前にすれば、「どうせ何も変わらない」とあきらめて、行動している人を冷ややかに批評することのほうがずっと楽なのかもしれません。

でも、社会を一度に変えることはできなくても、何もできないわけではない、ということは、この本で紹介した一人一人の取り組みを見れば感じてもらえると思います。どんな未来を選び取るのかは、ぼくたち一人一人の手にかかっています。ご当地電力の人々が、まったく新しい分野で地域の力と仲間の協力を得ながら、新しい現実を一歩ずつつくってきた事実が、それをしめしているのではないでしょうか。

エネルギーを賢く使うため、あなたにできる15のこと

この本では、具体的な行動の例をたくさん紹介してきました。それでも、自分は何をしたらいいのかわからないという人もいるはずです。そこで最後に復習をかねて、一人一人にできること、やってみたらおもしろいことを一五種類リストアップしてみました。市民出資に参加したり、設備を設置するなどお金がかかるものもありますが、ゼロ円でできることもたくさんあります。まずは、自分がやりやすいものからトライしてみてください。ほとんどは、本文で触れられている内容ですが、具体例を参考にしながら、あなたなりのアレンジを加えたらもっとおもしろくなるはずです。

①自然エネルギー工作をつくる（予算：ゼロ円〜、一一ページ参照）

夏休みの親子でつくる工作や、大人の週末工作として、自分の手でつくる体験を通して、自然エネルギーを身近にしましょう。ぼくのオススメは、実用的な非常用太陽光充電器の工作です。

②エネルギー＝電気ではないことを知る（予算：ゼロ円、二六ページ参照）

日本社会はなんでも電気でやろうと考えてしまいがち。特に暖房や給湯などの熱エネルギーを電気からつくることは、とても効率が悪いのです。それは電気でなくてもできるのでは？という疑問を持ちながら、身のまわりの電化製品や家電量販店などを見まわしてみましょう。

③電気料金表をチェックする（予算：ゼロ円、三〇ページ参照）

毎月家庭に届く電気料金の請求書をチェックして、自宅でどれだけ使っているのか、基本料金がいくらなのかについてチェックしましょう。何に電気を一番多く使っているかという目安をつけたり、無駄な電化製品を使っていないか見直せば、節電につなげることができます。ただ、ガマンをしたり、無理な節電は長つづきしないので、生活とのバランスをよく考えましょう。

④アンペアダウンする（予算：ゼロ円）

東日本では、契約アンペア数が決まっています。アンペア数とは、各家庭のブレーカーに書いてある数字で、最大でその数値まで電力が使える契約になっています。アンペアが高いと基本料金も高いので、アンペアダウンをすることで電気料金を下げることができます。この数値は電力会社に申請すれば、簡単に下げることができます。そこで、③でやったチェックをもとに自分の家で使っているアンペアを見直し、必要以上に高いアンペアになっていたら、アンペアダウンをするのがいいでしょう。ちなみにおよその基準として、一A(アンペア)は一〇〇W(ワット)と覚えておいてください。電化製品にはたいてい最大消費量が書いてあるので、自宅で同時に使う電力使用量を計算してみましょう。

⑤ガマンしないで省エネする(予算:一〇〇〇円程度〜、四〇ページ参照)

エネルギーは新しくつくるよりも、減らすほうがはるかにカンタンです。日々の生活の中でもちょっとした工夫をすれば、効果の高い省エネをすることは可能です。たとえば白熱電球はエネルギーの九〇%が熱として捨てられています。それをLED照明に換えるだけで大幅な省エネになります。また、カーテンを遮熱カーテンに換えると、夏の暑さだけでなく冬の温度低下も抑えることができます。熱は窓から入ったり逃げていくので、窓をペアガラスにしたり、夏は窓の外にヨシでできている「よしず」を立てかけたりすることも効果があります。「よしず」は、温度が上昇しやすい夏のエアコンの室外機の日よけとして使えば、節電効果も高まります。一〇年以上前の冷蔵庫やエアコンを使っている人は、思いきって買い換えるのも効果的です。最新式の冷蔵庫やエアコンの省エネ効果はひじょうに高くなっています。ほかにもいろいろな工夫をしながらエネルギーを賢く使っていきましょう。

⑥省エネ住宅の建築や省エネリフォームをする(予算：数十万円台〜、三四ページ参照)

これはお金のかかる方法ですが、長い目で見ると経済的にも効果的な方法です。家自体を省エネ住宅に建て替えたり、省エネリフォームすることで、窓だけでなく、壁や屋根、床の断熱や湿度調整機能を改善することができます。エアコンを使う割合を減らすことで、省エネだけでなく健康的な暮らしにもつながるのです。ただ初期投資額が大きいので、業者を選ぶときはいろいろ調べて、信頼できる人に依頼しましょう。

⑦設備をつけるなら、費用対効果を考える(予算：二〇万円台〜、二六ページ参照)

屋根の上に設備をつけるなら、太陽光発電よりもまず価格が安く、効率よくガスを節約してくれる太陽熱温水器をオススメします。そのうえで、予算などに余裕があるなら太陽光発電設備を設置するのも悪い選択肢ではありません。ただこちらもいろいろな業者がいるので、きちんと調べないとトラブルにつながる可能性があります。ちなみに家庭用蓄電池は、いまのところは一〇〇万円以上する高額なものが多く、また耐用年数も一〇～一五年なのであまりオススメできません。将来的には、電気自動車が蓄電池のかわりになる可能性があります。

⑧個人向けグリーン電力証書「えねぱそ」を購入する(予算：一五〇〇円程度～、一九五ページ参照)

「えねぱそ」は、それまで企業など大口の顧客向けだったグリーン電力証書を電力量を小さくして、個人でも購入できるようにしたものです。全国の自然エネルギー設備の中から、自分が買いたいと思う設備を選ぶことができます。ぼくは、自分の結婚パーティーで使った電力をこの「えねぱそ」でまかないました。本文中で紹介したように、「えねぱそ」を買ったからといって電気料金が安くなるわけではありませんが、自然エネルギーの設備を応援して、活用していることになるのは確かです。お問い合わせはエナジーグリーンまで。

⑨「全国ご当地エネルギーリポート」を読む(予算：ゼロ円)

ぼくは「エネ経会議」(*)という団体が運営する「全国ご当地エネルギーリポート」(http://

ameblo.jp/enekeireport/)というサイトに連載をしています。そこでほぼ毎週のように、地域のエネルギー事業やエネルギーを賢く使うコツを紹介しています。ダイナミックに動くご当地電力の動きを、できるだけわかりやすい言葉で伝えています。また、自然エネルギーに関わるイベントなども紹介しているので、ぜひ参考にしてください。

＊「エネ経会議」は、正式には「エネルギーから経済を考える経営者ネットワーク会議」という名前の団体。福島第一原発事故のあと、「こんな事故があったのに経済界は単に原発推進と言っていていいのだろうか？」という疑問の声を上げ、自分たちのエネルギーを自分たちで見直していこうと行動している中小企業のネットワーク。代表は、小田原のかまぼこ屋さん「鈴廣」の副社長である鈴木悌介《ていすけ》さん。

⑩自然エネルギーをテーマにしたり、自然エネルギーを使ったイベントに参加する（予算：ゼロ円〜）

全国各地で、自然エネルギーをテーマにしたイベントは開催されています。専門家が集まるちょっと難しいものから、ぼくが手がけるような工作教室までいろいろなものがあるので、ぜひ参加してみてください。とくにオススメなのは、「ソーラー・ブドウカン」や藤野電力のイベントのように、自然エネルギーで電源をまかなっているものです。おすすめのイベントのいくつかは、⑨の「全国ご当地エネルギーリポート」で紹介していますが、インターネットでも探してみてください。

⑪自然エネルギーに関わるイベントを実施してみる(予算：いろいろ)

イベントに参加した後は、仲間を募って自分でも開催してみましょう。自分で開催するのは、会場を借りたり広報したりと大変なこともたくさんありますが、そこで出会う人たちとの共同作業が新しいつながりを生んでくれるはずです。最初はあまり大それたことでなくても、数人が集まるお話し会からはじめてもいいかもしれません。多摩の取り組みのような、子どもたちとソーラークッカーをつくったり、太陽光発電によるライブを実施するのも楽しいでしょう。自然エネルギーをテーマにした映画を上映するという方法もあります。『シェーナウの想い――自然エネルギー社会を子どもたちに』(上映会相談先：自然エネルギー社会をめざすネットワーク)、『第四の革命――エネルギー・デモクラシー』『パワー・トゥ・ザピープル』(配給先：ユナイテッドピープル)などがオススメです。興味のある方はカッコ内の団体に問い合わせてください。

⑫市民出資や寄付に参加する（予算：一万円〜、七六ページ、一六七ページ参照）

この本で紹介したご当地電力をはじめ、全国で市民出資を募っている団体はたくさんあります。金額は、寄付は一万円前後から、市民出資は一〇万円からというところがほとんどです。徳島地域エネルギーのように、寄付でも特産品が返ってくるものもあります。それぞれ金額や条件がちがっているので、くわしく話を聞いてから参加するようにしましょう。単に銀行にお金を預けておくだけではなく、自分のお金で直接社会に貢献することができるというのが魅力ですね。お金を出すだけでなく、出資者の見学ツアーや現地交流を実施しているグループもあるので、出資をした人は、参加してみましょう。一例としては「おひさまエネルギーファンド」や「自然エネルギー市民ファンド」という企業が、ご当地電力の市民出資を扱っているので、ホームページをのぞいてみてください。

⑬自分の地元自治体が自然エネルギーを推進しているかを調べる。政府や自治体に要望する（予算：ゼロ円〜）

自分が住んでいる自治体がどんなことをやっているか、問い合わせて調べてみましょう。市民にはあまり知られていなくても、おもしろいことをしている自治体もあるのです。たとえば東京都は、太陽熱利用をすすめるなど以前から環境政策に熱心ですが、都民にはあまり知られていません。ほとんどなんの方針も立てていない自治体には、もっとがんばるよう要望してもいいでしょう。また、自治体や政府がエネルギー政策をすすめる際に、「パブリックコメント」といって一般の人から意見を集めることがあります。そこに積極的に意見を出していくことも大切です。

⑭近くのご当地電力の活動に関わる(予算:ゼロ円〜)

ご当地電力は、全国でいろいろな活動をしています。このような活動は、一般の人たちが少しずつ関わることで、どんどん広がっていきます。少ししか関われないからやらないのではなく、多くの人が少しずつ関わることで地域に大きな変化が生まれるのです。イベントに参加する、市民出資に協力するといったいままでに紹介したことの他にも、メルマガを購読する、会員になる、ボランティアをするなど、接し方はさまざま。この本で紹介しているご当地電力や、団体の名前をインターネットで調べてみましょう。

⑮ご当地電力を立ち上げる（予算：ゼロ円～）

最後に、地域の仲間たちとご当地電力を立ち上げてもいいでしょう。これはちょっとレベルが高いかもしれませんが、この本で紹介してきたとおり、いま地域の電力会社をやっている人たちのほとんどが、まったく別の仕事をしていたエネルギーの素人だった人たちです。だから仲間を集め、さまざまな人の取り組みを参考にしながら、地域でできることをやっていけば、不可能なことではありません。ご当地電力には、「こうしなければいけない」という決まりはありません。専門家のアドバイスを受けながら、無理のない範囲ではじめてみることをオススメします。ビジョンが具体的になったら、環境エネルギー政策研究所（ＩＳＥＰ）や市民電力連絡会などに相談してみましょう。

◇推薦図書リスト

自然エネルギーで社会を変えていく意味やおもしろさは、この本だけではすべて紹介することはできません。ここでは、この本を読んだ後にぜひ読んでみてほしい、自然エネルギーに関わるオススメの本一〇冊を紹介します。

①自然エネルギー工作をつくりたい

『親子でつくる自然エネルギー工作』(四巻シリーズ/川村康文・高橋真樹、大月書店)

1風力発電、2太陽光発電、3小水力発電、4太陽熱・バイオ発電

②ご当地電力の歴史と、自然エネルギーによる災害支援について知りたい

『自然エネルギー革命をはじめよう——地域でつくるみんなの電力』(高橋真樹、大月書店)

③身近な電気のことを考えたい

『5アンペア生活をやってみた』(斎藤健一郎、岩波ジュニア新書)

④自然エネルギーへの否定的な疑問に答えてほしい

『自然エネルギーQ&A』(自然エネルギー財団編、岩波ブックレット)

⑤デンマーク（サムソ島）の風力発電について知りたい
『風の島へようこそ――くりかえしつかえるエネルギー』（絵本／アラン・ドラモンド作、まつむらゆりこ訳、福音館書店）
⑥ドイツの市民電力会社について知りたい
『市民がつくった電力会社――ドイツ・シェーナウの草の根エネルギー革命』（田口理穂、大月書店）
⑦ご当地電力のつくり方を学びたい
『コミュニティーパワー――エネルギーで地域を豊かにする』（飯田哲也＋ＩＳＥＰ編、学芸出版社）
⑧欧米と日本の自然エネルギーの取り組みを総合的に学びたい
『エネルギー進化論――「第四の革命」が日本を変える』（飯田哲也、ちくま新書）
⑨発送電分離について詳しく知りたい
『脱原発と自然エネルギー社会のための発送電分離』（ｅシフト編、合同出版）
⑩省エネ住宅について知りたい
『日本の住まいの新基準　低燃費住宅』（早田宏徳、いしずえ）

あとがき

「全国にご当地電力はいくつあるのでしょうか?」

ご当地電力を追いかけてきたぼくは、よくこんな質問を受けます。でも、そんなとき「だいたい三〇〇から四〇〇くらいでしょうか」とあいまいな返事をしています。

本当のことをいえば、わからないのです。だって、ご当地電力はいまこの日にも誕生しているのですから。わかっているのは、全国各地でぞくぞくと増えているということだけ。でも、ぼくはそれでいいんじゃないかと思うのです。エネルギーと言ってもさまざまな形があるように、誰かが定義した形でしばって「こういう団体がご当地電力だ」とくくる必要はないのです。

二〇一二年の頭にぼくが取材をはじめたころにくらべても、ご当地電力に関わる人たちはものすごく増えました。それはエネルギーに関心をもち、自分の問題として向きあおうとする人が、それだけ増えたという証です。そうした関心の高まりそのものが、じっさいに社会を変える力になるということは本書で伝えてきたとおりです。

国内外でご当地電力に取り組む人たちがずらりと壇上に並ぶ
（コミュニティパワー国際会議 in 福島）

ぼくがいつも驚かされるのは、その人たちの猛烈な行動力です。たとえば、ぼくが半年前に取材したときに「こんなことができたらいいな」と夢物語のように語っていたことが、半年後にはすでに実現していて、つぎの目標に向かってがんばっているという姿に何度も出会いました。そんなすごいパワーで、新しい地域の形をつくっている人々に感動して、なんとかそのおもしろさを伝えたいという思いが、この本を書くきっかけとなりました。

今回紹介したご当地電力の活動を振り返ってみると、ぼくたちの社会にはまだまだいろいろな可能性があることに気づくはずです。ぼくは以前、「エネルギーシフト」の意味を、電源を化石燃料から自然エネルギーに変えればいいの

トークイベントで，著者(左)と対談する藤野電力の小田嶋さん(中)と上田市民エネルギーの藤川さん

だと考えていました。でも、たくさんの取材を通じて、それはちがうのだと思うようになりました。大切なことは、エネルギーについての凝《こ》り固まった意識を変えること。そして、誰かにまかせきりにするのではなく、自分たち自身が参加して社会そのものを見直していくことです。エネルギーシフトは、それができてはじめて実現できるものです。そのためにあなた自身ができることは、星の数ほどあります。もちろん、全国でご当地電力がこれからも活躍していけるように、ぼくたちひとりひとりが、エネルギーに関心を持って、支えていくことも大切です。みんなの関心と支えがあって初めて、ご当地電力は輝くことができるのですから。本書が、みなさんの行動をおこすきっかけの一つになれ

ば、うれしく思います。

執筆にあたり、取材させていただいた個人、団体の方々に加えて、多くの方から貴重なお力添えをいただきました。感謝を込めて、ここでお名前をあげさせていただきます。エネ経会議(エネルギーから経済を考える経営者ネットワーク会議)の鈴木悌介さん、山口伸さん、小山田大和さん、原尚美さん、佐藤宏子さん、小野山陽子さんほかのみなさん、ISEP(環境エネルギー政策研究所)の飯田哲也さん、古屋将太さん、吉岡剛さん、山下紀明さん、浦井彰さん、松原弘直さん、黒崎晋司さん、山崎誠さん、堀内恵美さんほかのみなさん、自然エネルギー財団の大林ミカさん、大野輝之さん、古山葉子さん、分山達也さん、小川真由さんほかのみなさん、森原秀樹さん、竹村英明さん、伊賀俊徳さん、渡辺智史さん、三井元子さん、半澤彰浩さん、鈴木菜央さん、増村江利子さん、早川由紀美さん、中山高志さん、井筒耕平さん、どうもありがとうございます。この本の担当編集者である岩波ジュニア新書の森光実さんには、たいへんお世話になりました。若い人にエネルギーシフトの動きを知ってもらいたいという森光さんの情熱がこの本をつくりあげたのだと思います。

また、苦しいときもいつもぼくをさまざまな形で応援してくれる、友人やジャーナリストの先輩方には心からの感謝を伝えたいと思います。最後に、旅行業をしているパートナーの由美子は、出張で世界中を駆けめぐりながらも、書いたばかりのぼくの原稿にいち早く目を通して、適切なコメントをしてくれました。本当にありがとう。

原発事故に心を痛め、新しい時代をつくるために挑戦をつづけるすべての人々に捧げる

二〇一五年一月

高橋真樹

高橋真樹

1973年東京生まれ。ノンフィクションライター。平和協同ジャーナリスト基金奨励賞受賞、放送大学非常勤講師。世界70カ国以上を訪れ、持続可能な社会をテーマに取材をつづける。自然エネルギーについては国内外をめぐり、地域に根ざしたいわゆる「ご当地電力」の活動を中心に、雑誌やWEB、「東京新聞」などに執筆してきた。

著書に『観光コースでないハワイ』『自然エネルギー革命をはじめよう』『親子でつくる自然エネルギー工作(4巻シリーズ)』など多数。エネルギーから経済を考える経営者ネットワーク会議(エネ経会議)が主催する「全国ご当地エネルギーリポート!」にも連載中。

ご当地電力はじめました!　　岩波ジュニア新書 795

2015年1月20日　第1刷発行

著　者　高橋真樹《たかはしまさき》

発行者　岡本　厚

発行所　株式会社 岩波書店
〒101-8002 東京都千代田区一ツ橋 2-5-5
案内 03-5210-4000　販売部 03-5210-4111
ジュニア新書編集部 03-5210-4065
http://www.iwanami.co.jp/

組版　シーズ・プランニング
印刷・理想社　カバー・精興社　製本・中永製本

ISBN 978-4-00-500795-0　　Printed in Japan

岩波ジュニア新書の発足に際して

きみたち若い世代は人生の出発点に立っています。きみたちの未来は大きな可能性に満ち、陽春の日のようにひかり輝いています。勉学に体力づくりに、明るくはつらつとした日々を送っていることでしょう。

しかしながら、現代の社会は、また、さまざまな矛盾をはらんでいます。営々として築かれた人類の歴史のなかで、幾千億の先達《せんだつ》たちの英知と努力によって、未知が究明され、人類の進歩がもたらされ、大きく文化として蓄積されてきました。にもかかわらず現代は、核戦争による人類絶滅の危機、貧富の差をはじめとするさまざまな人間的不平等、社会と科学の発展が一方においてもたらした環境の破壊、エネルギーや食糧問題の不安等々、来るべき二十一世紀を前にして、解決を迫られているたくさんの大きな課題がひしめいています。現実の世界はきわめて厳しく、人類の平和と発展のためには、きみたちの新しい英知と真摯《しんし》な努力が切実に必要とされています。

きみたちの前途には、こうした人類の明日の運命が託されています。ですから、たとえば現在の学校で生じているささいな「学力」の差、あるいは家庭環境などによる条件の違いにとらわれて、自分の将来を見限ったりはしないでほしいと思います。個々人の能力とか才能は、いつどこで開花するか計り知れないものがありますし、努力と鍛錬の積み重ねの上にこそ切り開かれるものですから、簡単に可能性を放棄したり、容易に「現実」と妥協したりすることのないようにと願っています。

わたしたちは、これから人生を歩むきみたちが、生きることのほんとうの意味を問い、大きく明日をひらくことを心から期待して、ここに新たに岩波ジュニア新書を創刊します。現実に立ち向かうために必要とする知性、豊かな感性と想像力を、きみたちが自らのなかに育てるのに役立ててもらえるよう、すぐれた執筆者による適切な話題を、豊富な写真や挿絵とともに書き下ろしで提供します。若い世代の良き話し相手として、このシリーズを注目してください。わたしたちもまた、きみたちの明日に刮目《かつもく》しています。（一九七九年六月）